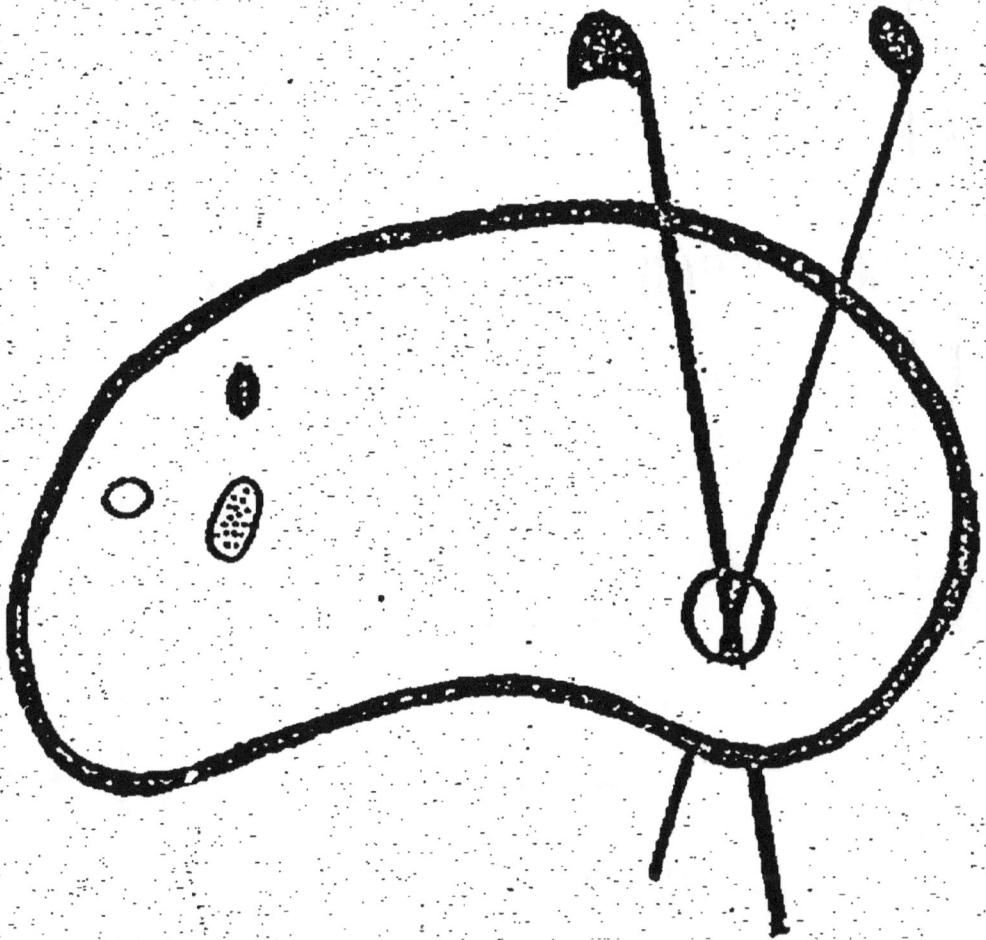

COUVERTURE SUPERIEURE ET INFERIEURE
EN COULEUR

LA MORT

EST

Le Portique de la Vie réelle

Par Henri de CAMERU

PRIX

15ᵉ ÉDITION

PROPRIÉTÉ DE L'AUTEUR.

NIORT

DESPREZ, IMPRIMEUR DE LA MAIRIE

23, Rue des Fossés-Saint-Jean, 23

1882

ÉVÊCHÉ DE LUÇON   Luçon, le 28 février 1868.

—

CABINET DU PRÉLAT

« Monsieur,

» A ma rentrée de tournée pastorale, j'ai trouvé
» sur mon bureau, la publication que m'annonçait
» votre lettre, et me suis empressé de lire atten-
» tivement votre bonne réfutation de la philoso-
» phie anti-chrétienne.

» Aujourd'hui, je viens vous féliciter de ce tra-
» vail, et vous remercier sincèrement de me l'a-
» voir envoyé.

» Les circonstances sont profondément tristes,
» et la décadence intellectuelle, fait des progrès de
» plus en plus alarmants. Jamais la négation de
» tout ce qui touche à Dieu et à l'âme, n'a été aussi
» hardie. Puisse votre œuvre avoir tout le succès
» qu'elle mérite.

» Je bénis votre Foi de chrétien et votre dévoue-
» ment à l'Église.

» Recevez, Monsieur, avec l'expression de mes
» sentiments affectueux, l'assurance de ma haute
» considération.

CHARLES, *évêque de Luçon.*»

Paris, le 20 Août 1868.

« Monsieur le Comte,

» Je vous félicite bien sincèrement du senti-
» ment élevé qui vous a dicté votre livre. On y
» sent partout l'homme d'esprit, l'homme de cœur,
» le Breton et le chrétien.

» Quel triste temps, que celui où l'on est obligé
» de prouver aux hommes qu'ils ne sont pas des
» bêtes ; il le faut cependant, grâce à ce beau
» progrès venu d'en bas, qui nous courbe de plus
» en plus vers la terre ! Dieu veuille que bientôt,
» personne n'ait plus besoin de votre excellent
» ouvrage, et que vous puissiez parler de choses
» plus consolantes, et surtout plus dignes de peu-
» ples chrétiens !!t

» Je vous souhaite, Monsieur le Comte, le plein
» succès que mérite votre zèle et suis en l'amour
» de Notre Seigneur Jésus-Christ votre serviteur
» bien affectueusement dévoué.

» L. G. de Ségur,

» *Prélat de la maison du Pape, chanoine,*
évêque de Saint-Denis.»

Poitiers, le 16 décembre 1868.

Monsieur le Comte,

Selon le désir que vous m'avez manifesté, j'ai lu avec intérêt, l'opuscule que vous avez bien voulu m'adresser; et je suis heureux de pouvoir vous dire que je le crois destiné à obtenir d'heureux résultats près des esprits loyaux, mais égarés, et à lutter victorieusement contre les tristes arguments de la libre pensée.

Veuillez agréer, Monsieur le Comte, l'assurance de ma haute considération.

PIE,
Évêque de Poitiers.

AVANT-PROPOS

Les lignes qui composent cet humble ouvrage
représentent un labeur assidu de douze années.

Elles ne sont donc point l'expression d'une opi-
nion personnelle préconçue, ou puisée dans les
principes de l'éducation première; car mon esprit
altier et insoumis n'a voulu accepter le bénéfice de
la foi, qu'après lui avoir reconnu pour base, la
raison la plus saine, la logique la plus serrée; et,
si ma conviction, aujourd'hui, est ferme, entière
et inébranlable, c'est qu'elle a été réfléchie, analysée et approfondie jusqu'au mystère.

Pour parvenir à ce ce but, et afin de répondre
victorieusement aussi aux objections insidieuses
des grands-prêtres de la *Négation*, j'ai, pendant
plusieurs années, étudié avec passion l'anatomie
et la médecine.

Et après avoir disséqué l'Etre, moralement et physiquement, j'ai reconnu l'extrême magnificence comme aussi la simplicité grandiose du mécanisme humain.

C'est pourquoi je viens, sans forfanterie comme sans fatuité, jeter le gant au matérialisme et saper, sans retour, la base de son édifice misérable, par le moyen d'une argumentation nouvelle, aussi simple que concise, et qui défie toute réfutation sérieuse; car chacune des propositions qui la composent a pour assises une logique sévère, impérieuse et inflexible, et est en outre accompagnée d'une comparaison sensible qui permet à tout esprit tant soit peu cultivé d'en reconnaître la puissance, et d'acquérir ainsi la clef des mystères de notre organisation.

Aussi, est-ce donc avec une entière confiance que je fais un appel sincère à l'appréciation franche et loyale des hommes vraiment intelligents.

LA MORT, C'EST LA VIE!!!

DERNIER ET SUPRÊME

DÉFI JETÉ AU MATÉRIALISME

Toute forme s'en va; rien ne périt; les choses
Sont comme un sable mou, sous le reflet des causes,
La matière, mobile, en proie au changement,
Dans l'espace infini flotte éternellement.
La mort est un sommeil où, par des lois profondes,
L'Être jaillit plus beau du milieu des deux mondes;
Tout monte ainsi; tout marche vers un but mystérieux;
Et ce néant d'un jour qui s'étale à nos yeux,
N'est que la chrysalide aux invisibles trames,
D'où jailliront demain et les ailes et les âmes !!!

(*Louis Bouilhet.*)

I

Preuves de l'existence de l'âme.

Tristement courbé sous le lourd fardeau d'une
destinée douloureuse et inexorable, abreuvé de
larmes et d'amertume durant le court trajet qui
sépare son berceau de sa tombe, l'homme n'avait,
pour consolation suprême ici-bas, que l'espérance

d'une existence à venir où une harmonie divine, régnant pour jamais en souveraine, lui assurerait un bonheur immense et sans fin.

Un scepticisme stupide et grossier, enfanté par la sottise ou l'ignorance, est venu sans pitié lui ravir son unique joie, ne lui laissant, dans son aridité glaciale, que le chaos pour passé et le néant pour avenir.

Placé entre ces deux abîmes, l'homme, saisi de vertige, devait nécessairement marcher à pas de géant vers une décrépitude morale, qui aura pour dernier terme un cataclysme effroyable, et dont la première et terrible manifestation a été le libre essor d'un égoïsme immonde, qui, écartant brutalement tout ce qui était susceptible d'apporter obstacle à son entier épanouissement, a brisé sans remords les liens sacrés de la famille de l'amour et de l'amitié; convertissant ainsi la société en une vaste arène, dans laquelle des bêtes fauves se guettent d'un œil farouche, pour se mordre et s'entre-déchirer.

Tel est le fruit splendide et savoureux du siècle que l'on est convenu d'appeler le *Lumineux par excellence*.

Voilà l'œuvre de ces hommes auxquels la multitude, aveugle et incompétente, décerne si béné-
volement les titres de savants et de génies, et que
leur prétendu mérite n'empêche point de produire
chaque jour des théories qui déshonorent la science,
ébranlent la base de l'édifice social et mettent à nu
de la manière la plus pitoyable le triste revers de
l'orgueil humain.

Honte éternelle soit à eux !!! comme aussi (et
surtout) à MM. les disciples d'Esculape, que leur
étude spéciale des mystères de l'organisation humaine eût dû constituer apologistes ardents du
spiritualisme ; et qui, tout à l'encontre, méprisant
les principes et maximes de leurs illustres maîtres
et devanciers, se sont déclarés hautement et sans
vergogne les apôtres fervents du matérialisme,
c'est-à-dire, du système le plus nul, le plus ridicule
et le plus illogique qu'il ait été donné au cerveau
humain d'éluucubrer en une heure d'abrutissement.

Et que l'amertume de ces lignes ne me fasse
point taxer de pessimisme, ni d'exagération dans
les termes, car, dédaignant le faisceau d'armes
offensives que pourrait me fournir le domaine de
l'abstraction, je me contenterai de citer trois propositions que leur extrême simplicité met à la

portée de la généralité des esprits, et qui seules
suffisent pour démontrer d'une manière péremptoire le vide, le néant et la profonde aberration
des doctrines matérialistes.

PREMIÈRE PROPOSITION

L'inertie étant l'apanage de la matière, tout
corps mis en mouvement suppose nécessairement
un moteur.

Qui dit *moteur*, dit agent actif : de même que
tout corps mû est naturellement passif.

Donc, deux extrêmes.

Or, les extrêmes peuvent être intimement unis,
mais non confondus, pa: cette raison fort simple
qu'ils sont complètement opposés comme nature,
comme essence et comme propriété.

DEUXIÈME PROPOSITION

S'il n'existait point d'âme, c'est-à-dire une substance distincte de la matière, le mouvement ne
serait plus une conséquence de la vie, mais bien
la vie elle-même.

Alors, plus de mouvement, plus de vie.

Ce qui signifie que, dans ce cas, l'homme serait une machine organisée et montée de façon à se mouvoir pendant un laps de temps déterminé, et, comme telle, aurait pour condition impérieuse d'existence un mouvement constant et perpétuel ; car tout arrêt et tout repos deviendraient nécessairement mortels, le corps ne possédant point en soi un principe indépendant, susceptible de lui donner une nouvelle impulsion *(phénomène qui nécessite l'opération intérieure d'une puissance active et indépendante.)*

TROISIÈME PROPOSITION

La mort, quelle que soit la cause qui la détermine, quelque effrayants que puissent être les symptômes qui l'accompagnent, n'est rien autre que le retour de la matière à son inertie et à son insensibilité première, par suite de la cessation de circulation du sang ; phénomène ayant pour cause : *la décomposition de ce liquide, son refroidissement ou un trouble complet dans l'harmonie des organes chargés de lui imprimer le mouvement circulatoire.*

Ainsi donc : que vous foudroyiez un homme par l'acide prussique ; que vous l'exposiez nu à un froid sibérien ; ou encore, que vous lui plongiez un poignard dans le cœur ; vous n'aurez obtenu, par ces moyens si différents, qu'un résultat identique, qui est la cessation de circulation du sang, produite, dans le premier cas, par *décomposition* ; *dans le second, par congélation, et dans le troisième, par perturbation dans l'organe chargé de présider à la circulation.*

D'où il résulte que s'il n'y a point d'âme, il nous faut admettre, avec les matérialistes, que, le sang étant au corps ce qu'est la sève à l'arbre, c'est-à-dire l'unique source de vitalité et le seul moyen d'action, il est donc bien réellement aussi l'unique principe de la vie ; proposition inepte, monstrueuse et paradoxale, que réduit pour jamais à néant ce simple argument, savoir : *que tout moyen d'action est intermédiaire et que, tout intermédiaire n'étant autre qu'un trait d'union entre deux êtres ou deux choses.*

Donc il y une âme !!!

Mais, si puissants qu'ils soient par leur simplicité même, ces arguments (ainsi que nombre d'au-

tres) ne peuvent opposer une barrière sérieuse aux
progrès du scepticisme, ce dernier trouvant une
source féconde et intarissable dans cette croyance
erronée aussi vieille que le monde (*mais qui, par-
donnable à ses premiers âges, est indigne de notre
fameux siècle de progrès*), savoir : que le cerveau
est le siège de l'intelligence.

En effet, de cette conviction pitoyable, qui ne
saurait résister à une étude sérieuse et approfondie,
tant elle est opposée aux lois de la logique la
plus primitive, et qui cependant aujourd'hui n'est
point seulement particulière aux masses ignoran-
tes, mais est encore l'apanage de gens éclairés et
de savants ; de cette conviction dis-je, naisssent
naturellement les conséquences suivantes :

1° *L'intelligence résidant au cerveau, on est en
droit de croire que tout être qui agit avec harmonie
possède l'intelligence ; et que la seule différence qui
existe entre l'homme et l'animal, est que le premier,
grâce à la structure de son cerveau, en possède quelques degrés de plus que le second.*

2° *Cette même intelligence, étant soumise aux
lois de progression et de décadence, comme susceptible aussi d'atrophie, soit par défaut d'organisation, par accident, par maladie, ou encore par*

longévité, elle n'est ainsi réellement que le simple résultat d'un jeu d'organes, et conséquemment il n'y a pas plus d'âme chez l'homme que chez l'animal.

Conclusions justes et rationnelles, eu égard à leur point de départ, et qui, jointes aux fausses déductions que l'on a tirées de la science phréno-logique, fournissent à l'incrédulité des armes sérieuses et un aliment constant, qui rendent nuls tous les discours, maximes, théories, et disserta-tions des hommes les plus respectables et les plus-éminents, que l'on est arrivé à considérer comme des individus obéissant à des facultés qui leur sont propres ou remplissant un mandat salarié.

Il est donc d'une importance extrême de dé-truire pour jamais cette base de toutes les utopies matérialistes, et de faire briller à tous les regards l'éclatant flambeau de la vérité.

C'est aussi pourquoi, malgré les sourires de dédain qui pourront accueillir une affirmation qui, de prime abord, semble paradoxale, j'ose dire sans crainte : *Non ! le cerveau n'est point le siège de l'intelligence, ni même son point de départ ; il n'est qu'un moyen de communication et un simple mode d'appréciation,* et, si la différence que j'émets entre ces deux phénomènes semble bien subtile aux esprits légers et superficiels, l'argumentation suivante, dépouillée de toute phraséologie et mise à la portée du plus grand nombre des esprits, leur fera voir clairement l'abîme qui sépare l'intelligence et le mode d'appréciation.

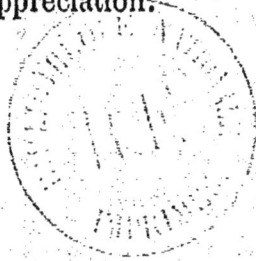

II

De la Vie et des Forces qui en dérivent.

La vie est un principe absolu, dont l'essence mystérieuse prend, ici-bas, les noms sacrés de *Jéhovah, Grand-Esprit, Etre suprême, Dieu, Cause première, etc., etc.,* et dont la puissance et la majesté sans égales, ne peuvent être exprimées que par ces mots divins, mystérieux et terribles : *Ego sum qui sum.*

De ce principe fécond naissent deux forces distinctes : la *Force consciente ou force essentielle,* et la *force harmonique, ou force conséquente,* dont l'union avec la matière constitue l'échelle des êtres ici-bas, par le moyen de trois phénomènes :

1° *La forme qui crée l'individualité par l'isolement ;*

2° *Le mouvement et l'action qui sont la manifestation impérieuse de toute puissance active ;*

3° *La sensation sans laquelle ces phénomènes seraient nuls, puisque c'est en elle que résident la vie* matérielle et les moyens de communication entre les êtres.

Ces deux forces, eu égard à leur qualité de moteur des corps portent le nom expressif d'âme, du mot latin *animare*, qui signifie donner le mouvement.

Elles se servent des formes dont elles sont revêtues et les font agir par le moyen de deux appareils, dont l'un préside à la locomotion, et l'autre à la sensation, ainsi qu'il sera démontré dans le chapitre suivant.

III

**Nature de ces deux Forces, leur distinction,
leurs attributs, leur fin.**

La Force consciente diffère essentiellement de
la Force harmonique par une faculté spéciale qui
élargit sa sphère d'activité, lui ouvre pour l'avenir
un horizon sans limites, et creuse entre elle et sa
sœur un abîme infranchissable.

Cette faculté se nomme *Intelligence ou Sentiment réfléchi*.

De cette puissance particulière naît la pensée
qui a pour résultat :

1° De procurer à la Force consciente une source
de vie en dehors de la matière, c'est-à-dire de la
vie organique ;

2° De la rendre digne de son nom, en lui don-
nant la conscience de son être, l'appréciation de
son moi, qui lui crée une individualité indépendante, dont découlent naturellement aussi la liberté
d'action et la perfectibilité, ou en d'autres termes,

le pouvoir de varier, polir, changer, modifier à l'infini *ses sentiments, ses conceptions et ses œuvres.*

On la nomme encore *Force essentielle,* parce qu'elle est réellement une essence active et féconde, une substance simple et conséquemment immatérielle que l'Ecriture appelle *Ame vivante,* en raison de ce qu'elle possède (non par soi, mais en soi) une raison d'être qui est le principe et l'aliment éternel de son existence immortelle.

La *Force harmonique* (ainsi que l'indique suffisamment son nom) a pour unique but de faire agir avec harmonie les corps qu'elle anime, et par suite toute sa puissance d'activité est limitée à la matière.

Elle n'est point perfectible, parce qu'elle n'a pas plus conscience de son être que de ses actes : ce qui signifie qu'elle ne possède pas le plus infime degré d'intelligence, et qu'en conséquence aussi elle n'a aucune raison d'être en dehors de la vie matérielle ou organique.

C'est pour ce motif que tous les êtres qu'elle constitue ne peuvent s'écarter en aucun cas de la voie qui leur a été tracée, ni sortir de la sphère qui leur a été attribuée ; *ce qui veut dire* : que, de même qu'un pommier rapporte toujours des pommes, un figuier, des figues, une vigne, du raisin, de même aussi tous les individus de chaque espèce animale accomplissent les actes propres et particuliers à cette espèce ; et cela sans empiétement, augmentation, diminution, ni modification possibles ; obéissant simplement à la force intérieure qui les dirige, mais dont ils ne possèdent point la source, et qu'ils ne peuvent conséquemment altérer ni modifier.

La *Force harmonique* est à la Force consciente ce qu'est un rayon de lumière à un foyer lumineux ; et, comme il est d'une importance première de bien saisir la différence qui existe entre les deux, puisque c'est elle qui doit nous donner la clef des mystères de notre être, que l'on me permette une humble mais juste comparaison :

Supposez deux appartements renfermant des merveilles de peinture, de sculpture et d'architecture ; l'un éclairé par un rayon de soleil, l'autre par un brillant flambeau.

Si je vous demande alors quel est, à votre avis, le mieux partagé en lumière, vous me répondrez

immédiatement et sans hésitation aucune, que
c'est celui que baigne la lumière scolaire; et en
cela vous serez dans une erreur profonde, par la
raison suivante dont je vous établis juge.

Ainsi, il est très vrai que, la puissance lumineuse de l'astre du jour, étant infiniment plus
grande que celle du flambeau en question, les
couleurs accusées par lui seront plus vives, les tons
plus chauds, les reliefs plus vigoureux, les formes
mieux déterminées ; mais tous ces effets de la
lumière demeureront invariables et sans modification possible de votre part, parce que, ne possédant point la source de leur vitalité, vous ne
pourrez avoir sur elle aucune influence susceptible d'en modifier l'action, non plus que les résultats ; tandis que, bien que le flambeau possède un
rayonnement moins riche et moins étendu, il n'en
est pas moins l'humble image de l'astre radieux,
c'est-à-dire, un foyer lumineux, une source de
lumière, en un mot, une puissance active dont
vous pouvez disposer à votre gré, et diriger le
rayonnement de façon à en varier les jeux et les
effets.

La Force harmonique est encore appelée force
conséquente, parce que, de même que le rayon-

nement n'est que la conséquence d'un foyer, de même aussi elle n'est que le résultat de l'action et de la fécondité incessantes de cette force toute puissante, de ce foyer suprême que l'on nomme vie, et ne possède en elle-même qu'une vitalité d'emprunt et toute relative ; tandis que la Force consciente étant l'image de cette même force suprême, renferme aussi en soi une même raison d'être et une même activité.

Ces deux forces sont donc ici-bas les principes constitutifs des êtres, qui ne sont eux-mêmes que les divers degrés de l'échelle qui sépare deux extrêmes.

La vie ou esprit, qui est lumière, puissance, force, harmonie ou immutabilité.

La matière, qui n'a pour apanage que ténèbres, inertie, impuissance, mobilité et chaos.

La gradation de cette échelle n'est point marquée par des tons brusques et choquants, mais bien par des nuances douces, insensibles et sans solution de continuité.

IV.

Manifestation de la vie.

La première manifestation. de la vie ici-bas (*due à la Force harmonique*) a été le végétal, c'est-à-dire, la forme simple, variée à l'infini, comme beauté, comme puissance et comme fruit, et dont la progression ascendante a pour couronnement une humble plante appelée Sensitive, que l'extrême délicatesse de son organisation semble douer de sensation, c'est-à-dire d'une faculté propre à l'être animé et qui, quoique cela, se trouve encore séparée du degré supérieur de la vie par les Zoophites, êtres complexes qui, tenant tout à la fois du végétal et de l'animalité, servent de chaînon entre les deux.

La seconde manifestation de la Force harmonique a été la Forme libre, ou détachée du sol, douée de mouvement et organisée de façon à pouvoir subvenir aux besoins de son être par le moyen d'un appareil sensisif appelé *Cerveau*, qui lui procure aussi une existence relative, ou, autrement

dit, entièrement dépendante des êtres et objets
susceptibles de lui causer une impression quelconque. Cette forme, à laquelle on a donné le nom
d'*Animal*, comprend une immense variété d'individus, qui, indépendamment des distinctions physiques qui existent entre eux, diffèrent essentiellement par les actes, qui sont à l'être animé ce
qu'est le fruit à la plante, c'est-à-dire, le résultat
de l'action intérieure d'un principe qui agit en
dépit d'eux-mêmes et dont ils subissent passivement les effets.

Le *Principe constitutif ou Moteur* des Êtres animés ne reconnaît pour mobile de ses actes que
deux phénomènes qui sont l'*Attraction et la Répul-
sion* (*dont les lois secrètes de l'affinité sont la source*),
combinées avec les tendances et appétits particuliers
à chacun des individus (tendances et appétits dont
le cerveau est le siège, ainsi que la suite le dé-
montrera).

Aussi, de la diversité dans la constitution de cet
organe, résulte l'échelle progressive des opérations
que les esprits étroits se sont ridiculement complu
à attribuer à l'intelligence, faute d'approfondir la
valeur, les attributs et les œuvres de cette der-

nière ; tandis qu'en réalité le degré le plus élevé des actes animaux, celui qui, en un mot, semble toucher à l'œuvre intellectuelle, n'est autre que le produit naturel de la force harmonique parvenu à son apogée de perfection et qui sera toujours à l'enfantement de l'intelligence ce qu'est à la splendeur de la lumière *l'éclat factice d'une matière chauffée à blanc, c'est-à-dire, pénétrée par l'essence du feu, et qui, comme telle, brille, mais ne rayonne pas.*

Au reste, pour couper court à toute discussion à cet égard, il est bon de savoir que nul acte organique (*quel qu'il soit*) chez l'homme, comme chez l'animal, n'a pour premier mobile l'opération intellectuelle ; mais bien purement et simplement le sentiment brut, intuitif ou inconscient, que l'on nomme *Instinct* chez l'animal, et qui concourt à un but d'harmonie générale, aussi bien que le sentiment réfléchi que l'on nomme Intelligence, par cette raison fort simple que l'esprit de vie et l'esprit d'intelligence qui les engendrent émanent tous deux d'une même source infiniment intelligente ; et *la différence qui existe entre eux* est que ce dernier possède la liberté d'action renfermée dans la valeur même de ce mot *Intelligere,* qui n'a jamais voulu dire agir, mais bien comprendre ou apprécier. Or, l'intelligence, *succédant* au sentiment intuitif qui détermine l'acte (*ou, pour mieux exprimer la vérité, n'étant que ce sentiment lui-même réfléchi et éclairé par l'esprit de lumière*), donne naturellement à l'être qui la possède, la faculté singulière de pouvoir accomplir l'acte déterminé ou d'y renoncer (*faculté qui constitue ce que l'on nomme avec vérité le libre arbitre.*)

La Vie a couronné son œuvre ici-bas par la création de l'homme, c'est-à-dire, de l'être qui tient tout à la fois de la matière et de l'esprit, et conséquemment jouit des avantages de la vie libre et réelle, *qui appartient à la pensée et à l'intelligence,* tout en se trouvant soumis aussi aux impérieuses exigences de la vie relative et dépendante, conditions particulières qui en font le *chaînon intermédiaire entre les êtres spirituels et la matière animée.*

Aussi, sa création a-t-elle exigé une opération particulière; car la vertu de la Force harmonique (*qui n'est que l'expression de la Force suprême*) ne dépassant point l'animation de la matière, il a fallu, pour constituer l'Être intelligent et libre, l'œuvre même de la Force infiniment intelligente ou Principe de la Vie, dont naquit alors la Force consciente, son image.

D'où il suit : que la plante, l'animal et l'homme, ne sont que les manifestations sensibles et graduées de la vie.

Les deux premières produites par une même force, n'ont d'autre individualité que la forme, et donnent des fruits bruts ou inconscients.

La troisième, possédant une individualité intérieure et extérieure, produit des fruits intelligents.

D'où il résulte encore qu'il n'y a point lieu de s'étonner si entre l'homme et le singe on trouve une certaine ressemblance :

1° D'abord, parce que la similitude des formes entraîne nécessairement la conformité des mouvements et des actes (*et conformité qui, bien que toute simple, toute naturelle et très-limitée, étant singulièrement exagérée par l'esprit humain, devient d'autant plus frappante, qu'il lui suppose une source qu'elle ne peut posséder*).

2° Parce que le singe occupant dans l'échelle des êtres le degré le plus élevé après l'homme, lui touche de si près (*matériellement parlant*) qu'il

sert de chaînon intermédiaire entre lui et les autres créatures animées.

Mais, d'un autre côté, on a le droit de trouver
fort étrange que des hommes sérieux, comme ont
la prétention de l'être MM. Darwin et Cⁱᵉ, se donnent autant de mal pour chercher à démontrer ce
que nul n'ignore ni ne pense à contester, savoir :
que l'homme n'est qu'un animal perfectionné.

En effet, si on remonte à l'être rudimentaire, on
voit que le point de départ, ou premier échelon
sensible de la vie organique, n'est autre que le ver
de terre, c'est-à-dire un tube digestif doué de mouvement contractile. Or, la création ayant suivi une
marche ascendante, c'est-à-dire une progression
de l'imparfait vers l'extrême parfait, il est donc
facile à comprendre que l'homme, ou être matériel parfait, n'est rien autre qu'un animal perfectionné (*bien que, comme tous les autres, son espèce
soit invariable, attendu que les hybrides ne font pas
souche*) ; et cette vérité, que MM. Darwin et Cⁱᵉ ont
tant à cœur de mettre en relief, n'affecte en quoi
que ce soit la dignité humaine et n'empêche point
l'édifice ridicule élevé sur ces fondements de
s'écrouler au souffle puissant de cette autre vérité,
savoir : *Que la forme n'est qu'accidentelle ; et que*

la seule, unique et réelle différence qui existe entre les êtres, gît simplement dans le principe qui les anime et les constitue.

GRADATION ACCENTUÉE DES ÊTRES.

La plante assimile, croît et produit.

L'animal assimile, croît, produit, ressent et agit.

L'homme assimile, croît, produit, ressent, apprécie et agit.

Telle est, dans toute sa simplicité vraie, la chaîne progressive des êtres ici-bas.

VI

L'Ame a-t-elle un siège particulier, et quel est-il?

Telle est la grave et importante question à laquelle nous allons répondre de la manière la plus concise et la plus catégorique, bien qu'après avoir été une source féconde de discussions brûlantes et stériles, elle soit finalement déclarée insoluble.

Les philosophes de l'antiquité, ne possédant que des notions vagues et confuses touchant la nature de l'être, et ne pouvant se rendre un compte satisfaisant des phénomènes si variés qui lui sont propres, s'étaient partagés en deux sectes principales :

L'une admettait la pluralité des âmes :

L'autre en reconnaissait l'unité, mais prétendait la localiser au cerveau, en raison de ce qu'elle lui supposait ici-bas des fonctions exclusivement spirituelles, et par ce même motif refusait nécessairement une âme à l'animal.

Or, ces deux propositions étaient également erronées.

La première, par cette raison que la pluralité des âmes détruit l'unité de l'être, sans laquelle il n'y a pas d'existence individuelle possible, car, le sentiment naissant de la sensation et l'intelligence n'étant autre que le sentiment lui-même éclairé ou réfléchi, pour qu'il y ait sentiment et intelligence, il faut donc nécessairement que tous les phénomènes vitaux se rapportent à une unité et en émanent.

La seconde proposition était complètement nulle pour trois motifs péremptoires :

1° Parce que l'intelligence, étant une lumière immuable, n'est soumise ni à la progression ni à la décadence ; et en conséquence, si elle avait eu le cerveau pour siège, elle jouirait de sa plénitude chez l'enfant naissant, de même que chez le centenaire.

2° Parce que l'intelligence procède de l'âme dont elle est une vertu ; mais ne constitue point l'âme elle-même ; l'ange seul est une pure intelligence, l'âme humaine est une essence mixte dont la nature ne peut être exprimée d'une manière satisfaisante que par le terme de Force consciente et, comme telle, a pour premier but d'animer le corps auquel elle est unie, c'est-à-dire, de lui donner mouvement et sentiment.

3° Enfin, parce que l'âme, étant le principe constitutif de l'être et de la forme par lui revêtue, le remplit tout entier et ne peut donc être localisée dans un organe.

Mais, de même que toute force appliquée à un mécanisme possède un ressort principal au moyen duquel elle met en branle toute la machine, de même aussi l'âme devait nécessairement avoir un centre d'opération et d'activité : c'est-à-dire un organe particulièrement soumis à son influence directe, et cet organe ne pouvait être que ce grand ressort du mécanisme humain que l'on nomme le cœur, ainsi que le démontre le simple raisonnement suivant sur lequel nous appelons toute l'attention :

La vie relative ou organique comprend deux phénomènes principaux qui sont *le mouvement et la sensation*, et qui ont eux-mêmes pour éléments d'activité deux organes que l'on nomme *cœur et cerveau, plus un agent actif déjà cité, qui est le sang.*

Le cœur est une pompe aspirante et refoulante ayant pour but de déterminer dans le sang ce mouvement de va et vient que l'on appelle circulation.

Le cerveau est le siège des sensations et le point où aboutissent tous les nerfs et les muscles ; il a pour objet de recevoir le sang que lui envoie le cœur, d'en extraire la partie la plus subtile, connue sous le nom de fluide vital, et, enfin, d'en opérer la distribution entre tous les nerfs et les muscles, de façon à leur communiquer cette activité et cette sensibilité qui constituent la vie animale.

D'où il suit : que tout mouvement et toute sensation, étant les conséquences naturelles de la circulation, se trouvent ainsi subordonnés à l'action du cœur et que, par suite, cet organe est donc bien le grand ressort du mécanisme et *le Promoteur de la vie organique.*

Ceci posé, il n'est point besoin d'être logicien émérite, pour comprendre alors que l'âme, étant *le principe même du mouvement et de l'animation,* devait *nécessairement (je dirai même indispensablement)* être en communication directe, en rapport

intime avec l'organe chargé de déterminer le mouvement et la sensation et de servir ainsi à la manifestation de sa puissance et de son activité (*vérité,
au reste, que le chapitre suivant va achever de mettre
en lumière*).

VII

Mystères du Cerveau et du Cœur.

Le Cerveau est une substance blanchâtre, assez molle pour recevoir toutes les impressions, et cependant assez consistante pour lui permettre de les conserver.

Tous les nerfs y aboutissant, il en résulte que chaque objet qui en détermine la vibration y laisse aussitôt son empreinte gravée plus ou moins profondément, selon la nature et la force de la sensation.

De la sensation ou *vibration des cordes nerveuses* naît alors le sentiment, c'est-à-dire, une conception instantanée et instinctive (*ou irréfléchie*) de l'âme qui, obéissant toujours à un principe unique, qui est l'amour de soi, porte l'être qu'elle anime à accomplir un acte en rapport avec le besoin de la situation, et détermine ainsi un ensemble de mouvements et d'actes destinés à composer individuellement et collectivement un tout harmonieux.

En dehors de cette source matérielle appelée sensation, le sentiment reconnaît encore deux mobiles qui sont : *la Réminiscence ou Evocation du Passé ; et la Conception intuitive, c'est-à-dire purement intelligente et dépouillée de tout secours extérieur.*

La sensation étant donc le premier mobile du sentiment, et tous les êtres animés étant susceptibles de percevoir les mêmes sensations générales, il en fût résulté une entière uniformité de sentiments, d'actes et de jugements, c'est-à-dire, une monotonie insipide, qui eût rendu toute société impossible, si l'intelligence suprême n'y avait remédié en combattant l'effet de la sensation par une faculté du cerveau qui, modifiant le sentiment déterminé par la perception extérieure, donne ainsi naissance à la variété dont découle l'harmonie.

Pour parvenir à ce résultat, le cerveau a été divisé en plusieurs parties appelées *Lobes,* dont chacun est le siège particulier d'une de ces facultés organiques ou mécaniques connues sous le nom de *Tendances,* et dont la puissance est proportionnelle au développement des Lobes qui en sont le siège.

Or, la tendance étant constamment stimulée par l'afflux du sang au cerveau, annule ou tout au moins affaiblit beaucoup l'effet des sensations extérieures qui ne tendent pas à un but identique, et l'âme, éprouvant ainsi une attraction secrète et incessante vers un même point du cerveau, finit par y concentrer toute sa puissance de vitalité, d'où résulte le trait distinctif et caractéristique d'une race ou d'un individu.

Rarement deux tendances jouissent d'une puissance égale; mais lorsque ce phénomène se produit, il donne lieu à une indécision et même à une lutte intérieure qui, pour un instant, entrave la détermination, et à laquelle met fin une sensation nouvelle chez l'animal ; la perception et le raisonnement chez l'homme.

Le plus ou moins de développement des Lobes se manifeste quelquefois extérieurement par des protubérances et anfractuosités, dont l'étude spéciale a servi d'assise à la *Science Phrénologique*, qui, au point de vue positif, possède réellement une certaine valeur ; mais dont les déductions suivantes, qui ont amené la négation du libre arbitre et même de l'âme, sont absolument nulles, ainsi qu'il va être démontré.

DÉDUCTIONS PHRÉNOLOGIQUES.

L'homme naissant avec des tendances déterminées, se trouve donc esclave de son organisation
et ne peut en conséquence être rendu responsable
de ses actes.

D'où il suit aussi naturellement, que là où il y
a irresponsabilité, il ne peut y avoir ni vice ni
vertu.

RÉPONSE

Deux arguments, d'une extrême simplicité, ré-
duisent à néant ces deux propositions.

PREMIER ARGUMENT.

Le cerveau étant reconnu à l'unanimité, susceptible de modification, soit par l'éducation première, le milieu dans lequel on vit, soit encore et
surtout par l'action de la volonté, on est donc
forcé de reconnaître qu'il est soumis à l'influence
de cette dernière, et que, dès lors, la liberté d'action n'est pas une chimère.

DEUXIÈME ARGUMENT.

Le second argument, encore plus péremptoire, est renfermé dans l'analyse même de ce phéno-mène appelé *Tendance*.

En effet, qu'est-ce qu'une Tendance ?

On appelle ainsi la propension naturelle de l'être vers un but déterminé.

Moralement, elle est négative en elle-même ; ce qui, en d'autres termes, signifie que, quelle qu'elle soit, elle n'est qu'une faculté propre à l'organisation de l'individu, qui la subit donc pas-sivement.

Elle a pour but *(ainsi qu'il a été dit)* l'harmo-nie du grand œuvre de la création, dont la loi des contrastes est la base.

Mais elle change de nature et devient *Défaut*, *(c'est-à-dire répréhensible)* là où commence à poin-dre le plus humble rayon de lumière spirituelle, ou, autrement dit, d'intelligence, qui, permet-tant à l'être qui le possède d'établir une diffé-rence entre les diverses tendances qui lui sont

propres et d'analyser le but qu'elles se propo-
sent, le met aussi à même de faire un choix entre
elles.

Surexcitée par l'imagination, elle devient
Passion ; et la Passion satisfaite par tous les
moyens que fournit l'intelligence, prend alors le
nom de *Vice*.

En résumé, le Défaut n'est autre qu'un manque
d'application de la volonté à la répression d'une
Tendance que l'on sait être en contradiction avec
une loi donnée.

Il résulte de la faiblesse ou de l'habitude.

Le Vice, tout à l'encontre du Défaut, est une
révolte ouverte et avouée ; car il exige l'application
de toute la puissance de l'esprit à la satisfaction
de cette même tendance, que l'on sait être en contradiction avec une loi donnée ; et, dès lors que
l'être peut faire converger tous les rayons de sa
volonté vers la satisfaction, il le peut également
vers la répression.

Donc, il y a bien réellement liberté d'action.

Il est indispensable d'ajouter ici que les Tendances physiques ou organiques *seules existent*, ce qui
veut dire que l'on peut naître *patient ou irascible*,

*franc ou sournois, doux ou cruel, simple ou rusé,
loquace ou taciturne, actif ou paresseux,* etc, etc.,
mais non avec le penchant au vol ; attendu que,
la propriété n'étant que conventionnelle, que deviendraient le vol et la tendance qui y porte, si
demain la propriété venait à être annulée ?

On peut devenir voleur incorrigible par habitude invétérée ; mais, en général, le vol n'a pour
mobile que la nécessité, ou la satisfaction de divers appétits.

On doit en dire autant de l'*empoisonnement et
de l'assassinat,* qui ne sont que des moyens vio-
lents suggérés par l'intelligence pour parvenir à
une fin égoïste, ou pour obéir à une méchanceté
et une férocité naturelles, que le fauve, qui n'a
d'autres armes que celles fournies par la nature,
satisfait en déchirant sa victime.

Qu'elle soit innée, ou déterminée par l'habitude, toute tendance devient passion impérieuse
par un exercice fréquent de ses ressorts ; car, de
même que, dans le travail manuel, le sang se
porte naturellement vers les membres qui dé-
ploient le plus d'activité et leur permet ainsi d'acquérir une plus grande vigueur au détriment des
organes voisins, de même la vibration répétée de

telle ou telle corde, a pour résultat de faire affluer
le sang au Lobe qui y correspond, et de le nourrir
plus abondamment ; ce qui, en outre, rendant ces
mêmes cordes plus susceptibles de vibration, aug-
mente encore les difficultés de la lutte contre la
Tendance qu'elles servent, et qui, ayant atteint
toute sa puissance de développement, devient alors
ce que l'on nomme avec vérité *une seconde nature.*

Au reste, il est bien facile à comprendre que
l'habitude puisse procurer à la Tendance une force
susceptible d'annihiler la volonté, puisque l'âme,
ayant pour but principal d'animer le corps et de
lui procurer la plus grande somme de ces jouissances, qu'elle considère comme constituant le
bonheur ici-bas (et dont elle prend la plus large
part), se sent ainsi toujours portée à accorder au
Cerveau, qui est le siège de toutes ces jouissances,
le concours qu'elle peut lui fournir par la puissance de la pensée et de l'imaginative ; et, comme
elle ne possède pour armes défensives que la raison qui lui indique la voie, et l'intelligence qui lui
rappelle la loi, tandis qu'elle a pour ennemis
toujours actifs, toujours ardents, toujours impi-
toyables, les Tendances et les sensations extérieures qui les sollicitent, elle ne peut donc espé-

rer les vaincre qu'en les étouffant dès leur naissance. Et, quelque développée que soit une tendance, on peut au début s'opposer à son épanouissement et en paralyser les effets, en lui refusant le
concours de la pensée, qui en est la floraison.

De cet exposé il résulte: que la vertu et le vice ne
sont ni des Tendances, ni des facultés apportées
par l'être en naissant (car le mal n'existe point à
l'état latent, mais doivent être considérés comme
les fruits d'un même principe, dont l'extrême op-
position provient uniquement de l'application
différente qui en est faite par la volonté et l'intelligence.

Ce principe invariable est l'*Amour*, qui engendre l'idée fixe dont la direction seule détermine la
nature du produit.

Ainsi, l'Amour de soi, qui est une anomalie de
la part de la créature imparfaite, entraîne l'idée
fixe de la satisfaction impérieuse de tous ses désirs
et de toutes ses volontés, dont l'accomplissement
prend alors le nom de Vice.

L'Amour appliqué à Dieu engendre l'abnégation
de soi-même et a pour objectif la Perfection relative, qui se nomme ici-bas Vertu.

Ceci posé, nous arrivons à la démonstration simple et rigoureuse de cette vérité fondamentale exposée au premier chapitre, savoir :

Que le cerveau n'est point le siège de l'intelligence ni même son point de départ ; mais bien seulement un moyen de communication et un mode d'appréciation.

VIII

De la pensée, de son origine, son épanouissement, sa fin.

Toute sensation étant accompagnée de l'empreinte de son objet au Cerveau, il en résulte une succession infinie d'images, classées de façon à pouvoir apparaître à un appel du désir ou de la volonté, et à se grouper au besoin pour figurer un tableau quelconque.

Ces images composent ce qu'on peut appeler avec vérité le *Monde du Cerveau*, c'est-à-dire un ensemble trompeur, mensonger et superficiel dont l'enchaînement et la coordination accidentels ou volontaires ont toujours été considérés comme constituant l'intelligence (croyance pitoyable et malheureuse qui a entraîné tant de nobles cœurs dans la voie du Scepticisme).

Et cependant, ce simple phénomène cérébral soumis à toutes les vicissitudes, variations et altérations particulières à la faiblesse de l'organisation humaine, est si éloigné de toucher en quoi que

ce soit à cette puissance merveilleuse que l'on
nomme intelligence, qu'il serait pour l'être une
cause de ruine morale et physique, si ses erreurs,
ses préjugés et ses aberrations, n'étaient constamment redressés par cette intelligence même avec
laquelle on le confond, et qui est l'expression de
ce monde véritable du cœur, dont la source, l'aliment et la vie, sont des vérités immuables, des
principes éternels, dont procède cette force singulière que l'on appelle *Volonté*.

Au reste, la seule définition du sentiment et de
la pensée suffit pour déchirer le voile qui recouvre ces phénomènes.

Bien que la sensation soit (*comme on l'a vu*) la
première source du sentiment, il ne suit pas de là
que toute sensation doive déterminer un sentiment
quelconque.

Pour qu'elle obtienne ce résultat, il faut qu'elle
offre quelque attrait en elle-même, ou qu'elle
éveille un des appétits de l'individu. Dans le cas
contraire, elle est nulle et ne provoque que l'indif-
férence.

Mais, quand elle parvient à produire une impression dans l'âme, celle-ci conçoit aussitôt d'une

manière instinctive ; ce qui signifie qu'elle se sent
impérieusement portée à accomplir un acte qui
répond toujours au besoin de la situation ; car il a
pour base l'amour égoïste, qui, bien qu'inconscient, n'en a pas moins pour but la conservation
de l'individu et la satisfaction de ses intérêts et
de ses caprices.

Ce phénomène instinctif est commun à l'homme
comme à l'animal, et ce dernier, n'ayant point
d'autre guide, y obéit simplement et agit ainsi
selon les lois de l'harmonie naturelle.

Il n'en est pas de même pour l'âme humaine ;
car, une sensation étant perçue par elle, elle use
aussitôt de la puissance particulière qui lui est
propre ; c'est-à-dire qu'elle concentre toute son
activité sur l'objet de cette sensation ; puis, évoquant les images qui s'y rattachent et en découlent, elle les enchaîne, les compare et analyse
ainsi la cause et la fin du sentiment qu'elle a
conçu.

Cette analyse constitue le phénomène de la
pensée qui, comme on le voit sans peine, n'est
rien autre que le *complément ou l'épanouissement
du sentiment par l'action analytique de l'intel-*

4

ligence, et le jugement infaillible qui, en dépit de l'âme elle-même, ressort de cette analyse, est le fruit de l'activité des principes, qui, comme nous l'avons dit, sont la force, l'aliment et la source de l'intelligence.

L'ensemble d'activité de ces principes se nomme Conscience.

Nous devons encore ajouter que la puissance du sentiment né de la sensation est toujours proportionnelle à la force et à la nature de la sensation qui l'a déterminé ; mais que, par une faculté qui est la conséquence naturelle de la pensée, et que l'on nomme *Imagination (synonyme d'invention ou d'amplification),* l'âme humaine peut décupler la valeur de la sensation et de son objet, et conséquemment fortifier ou raviver le sentiment qui en est résulté.

La puissance d'évocation de l'âme a pris ici-bas le nom d'*Esprit.*

D'où il suit donc que la dose d'esprit allouée à chacun est relative à l'étendue de cette puissance, qui elle-même est entièrement dépendante de la susceptibilité plus ou moins prononcée du système nerveux, ou, autrement dit, de ce qu'on appelle en terme médical *Impressionnabilité du sujet*; et cela par cette raison fort simple, que plus les cordes de l'instrument sont délicates, plus elles sont susceptibles de vibration, et comme chacune (1) d'elles correspond à un objet ou à son image, il en résulte une succession plus rapide et une empreinte plus vive des figures, que l'âme peut alors évoquer plus facilement et en plus grand nombre et vivifier par l'imaginative, jusqu'au point de reproduire les mêmes phénomènes physiologiques déterminés par la sensation elle-même, si antérieure qu'elle puisse être.

C'est en raison de ces phénomènes nerveux et cérébraux que les petits-fils d'Hippocrate, confondant comme toujours, l'effet avec la cause, c'est-à-dire, l'esprit avec l'intelligence, ont fait du système nerveux le *Deus ex machinâ* de l'organisme humain, lui attribuant tous les jeux de la vie et de l'intelligence et ne comprenant point que les nerfs ne sont que les cordes de l'instrument dont le cerveau est le clavier, et que leur vibration n'a de valeur qu'autant que l'intelligence y applique

---

(1) C'est-à-dire chacune des vibrations.

sa puissance vivifiante et en apprécie la nature, la distinction et le but.

La puissance d'évocation de l'âme (ou esprit) étant donc dépendante du système nerveux, on ne sera plus en droit de venir nous dire avec ironie : *Comment pourrions-nous croire à une intelligence libre et indépendante, quand nous la voyons subir l'influence évidente de certaines maladies qui rendent l'individu morose, mélancolique, bizarre et altèrent ses facultés ?*

En effet, rien de plus simple que ce phénomène !

Toute maladie, quelle qu'elle soit, entraîne nécessairement une souffrance ou un malaise quelconque. Or, si peu prononcés qu'ils puissent être, il en résulte toujours une vibration sourde et douloureuse des cordes nerveuses ; et, comme chaque sensation (qu'elle provienne de l'intérieur ou de l'extérieur) détermine dans l'âme un sentiment analogue à sa nature, il s'ensuit que l'âme, subissant le contre-coup de cet état de souffrance, se sent portée à évoquer des images en rapport avec la situation pénible dont elle est affectée, images qui sont, dans ce cas, généralement inconscientes ; car les maladies nerveuses altèrent les facultés, par

cette raison péremptoire qu'elles ont presque toujours leur siège au cerveau, ou tout au moins
déterminent un certain trouble et une faiblesse
singulière de cet organe (1).

De cet exposé succint, il ressort :

1° Que le Cerveau, étant uniquement chargé de
recevoir les sensations, et de conserver les empreintes de leurs objets, de façon à permettre à
l'âme de les évoquer au besoin, afin de statuer sur
ses opérations et déterminer ses jugements, n'est
donc bien qu'un simple moyen de communication
et un mode d'apréciation; ou, en d'autres termes,
que son rôle se borne simplement à stimuler cette
analyse qui constitue la pensée, et à lui imprimer
une direction.

2° Que la pensée succédant au sentiment, qui,
nous le répétons, *est le premier et véritable mobile
de tout acte,* celui-ci est donc suffisant pour déterminer l'acte harmonieux, et que, pour agir avec
harmonie, il n'y a nul besoin de savoir pourquoi
on agit.

_____

(1) L'intelligence est donc complètement indépendante de ce phénomène qui ne touche absolument
qu'à la puissance d'évocation appelée esprit.

Exemple.

Soumettez à de mauvais traitements un homme et un animal également irascibles, il en résultera chez l'un et l'autre un sentiment de haine et de colère qui, *chez les êtres doux et craintifs, aurait pour résultats la crainte et la fuite,* mais qui portera les premiers à se venger, c'est-à-dire, à donner d'une manière quelconque satisfaction à leurs intérêts personnels froissés par vous.

En conséquence, l'animal n'ayant pour guide que le sentiment qui l'anime et dont il n'est point maître de changer la nature, obéira aveuglément à cette force impérieuse et inconsciente et satisfera ainsi ses penchants naturels ; tandis que l'homme, influencé par la lumière de la pensée (ou analyse de son sentiment), pourra le modifier, et le concentrer. D'où il suit donc que l'intelligence, au lieu de l'aider à agir, aura servi à paralyser le mobile de l'impulsion qu'il avait reçue, ou, autrement dit, de l'acte qu'il devait accomplir.

En résumé donc :

Entre le Cœur et le Cerveau, il y a l'abîme qui sépare deux mondes extrêmes.

Au Cerveau, comme chef du corps, appartient la cause déterminante ou impulsive;

Au Cœur, la force qui la juge et la modifie ;

Au Cerveau, tout ce qui est convention, c'est-à-dire, superficiel et mensonger ;

Au Cœur, les sentiments vrais.

C'est avec le Cœur que l'on aime et que l'on hait, que l'on souffre et que l'on se réjouit. C'est au Cœur que réside la volonté ; et c'est ce qui explique comment un être doux et faible de caractère peut, étant sous l'impression d'un sentiment puissant, tel que l'amour, la reconnaissance, le dévouement, etc., déployer une énergie qui étonne tous ceux qui en sont témoins.

C'est au Cœur, enfin, qu'afflue et fermente cette source de vie réelle qui ne doit jamais s'éteindre et que l'on nomme Intelligence, mot qui signifie Force, Lumière et Activité.

Et, comme il pourrait se rencontrer quelques esprits lents et hargneux ou difficiles, qui, malgré la logique simple et serrée de ce qui précède, ne seraient peut-être point suffisamment convaincus, nous allons ajouter un dernier argument que nous défions qui que ce soit de réfuter.

Un homme doué de facultés naturelles très brillantes naît dans une classe obscure de la société et ne reçoit aucune instruction.

Malgré cela, son âme, stimulée par les sensations extérieures et sollicitée par une organisation exceptionnelle, enfante des merveilles qu'elle a soif de manifester ; mais, malgré l'ardeur de ses désirs et les efforts de sa volonté, elle ne peut y parvenir à cause de son ignorance des termes d'expression.

Or, ici il n'y a ni sophismes, ni arguties possibles.

Si l'intelligence avait son siège au Cerveau, cet organe servirait donc tout à la fois à la conception et à l'expression ; et dans ce cas, *comme l'expression n'est que la conception elle-même manifestée et rendue sensible*, les mêmes éléments servant nécessairement de base aux deux phénomènes, on ne pourrait concevoir que ce que l'on pourrait exprimer, ou, en d'autres termes, *Conception et Expression seraient une seule et même chose.*

Mais ces deux phénomènes étant au contraire entièrement opposés et indépendants l'un de l'autre, on est donc forcé de reconnaître qu'ils ne proviennent pas d'une même source, et que, de même que nous venons de l'expliquer nettement, le cerveau n'est qu'un instrument chargé de recevoir et de conserver les figures et les termes conventionnels, qui, évoqués par la volonté, permettent à l'âme de communiquer et faire jaillir au dehors les fruits de son activité et de sa fécondité intérieures.

En traçant à grands traits cet humble ouvrage, nous avons eu pour but de faire briller à tous les regards l'éclatant flambeau de la vérité, en mettant à la portée de la généralité des intelligences des questions qui, jusqu'à ce jour, n'étaient accessibles qu'à un nombre singulièrement limité, eu égard à leur abstraction, leur aridité, et surtout à la manière dont elles étaient présentées.

Mais, bien que nous ayons évité avec soin toute prolixité, afin de ne point fatiguer les esprits, et que, dans ce but, nous ayons simplement résumé des questions, dont une analyse spéciale (*non indispensable pour se former une conviction*) fournirait la matière de plusieurs volumes, nous croyons devoir compléter notre démonstration par une comparaison sensible, destinée à rendre plus lucides les phénomènes relatifs aux rôles du Cerveau et du Cœur, et à détruire ainsi les derniers doutes en répondant à toutes les objections.

IX

Terme de comparaison.

Supposez un nombre infini de lampes dont les
flammes également pures, brillantes et alimentées
par un fluide invisible et intarissable, viennent
chacune épanouir leurs rayons à un sommet
nommé réflecteur.

Ces réflecteurs, composés de même matière et
exactement semblables quant à la forme générale,
sont intérieurement et uniformément divisés par
des linéaments délicats, en petits compartiments
colorés de toutes nuances, et la seule différence
qui existe entre eux, c'est que les tons de la
gamme des couleurs s'y trouvent variés à l'infini,
de façon que chaque réflecteur puisse se distinguer des autres par une ou plusieurs nuances particulières et dominantes.

Ils sont alors confiés à un seul et même artiste
chargé d'en revêtir les fonds diversement colorés
d'images à peu près identiques, en ayant soin tou-
tefois que chacune d'elles prenne la couleur du

fond qui doit la recevoir, afin de lui permettre,
tout en conservant son relief, de se fondre en elle.

Ces dispositions étant prises, il en résulte alors
que, bien que les réflecteurs soient uniformes, les
images identiques et les flammes également puissantes, les jeux de leurs rayonnements respectifs
produisent des effets différents, ou, en d'autres
termes, que les empreintes et les figures n'offrent
point le même relief ni le même respect, eu égard
à la variété des couleurs qui leur servent de ca-
dres et de fonds.

- *Ceci posé*, si vous voulez encore supposer à ces
flammes le pouvoir de concentrer à leur gré leur
rayonnement sur tel ou tel point du réflecteur,
vous aurez alors une idée assez juste du rôle de
l'âme à l'égard du cerveau, et vous comprendrez
aussi naturellement les simples phénomènes suivants qui en découlent, savoir :

1° Que tant que l'harmonie de ces couleurs et
de ces images ne sera point troublée, l'activité de
la lumière leur donnera relief et vitalité.

2° Mais que si ces couleurs et ces images, alté-
rées par la main du temps ou par un accident quelconque, viennent à se confondre ou à s'effacer, le

rayonnement de la lumière, n'ayant plus d'objectif, demeurera sans effet harmonieux, bien que possédant toujours la même activité, la même fécondité et la même puissance ; en un mot, que la lumière sera entièrement libre et indépendante de tous ces phénomènes particuliers à ses effets et à ses jeux, mais qui sont complètement étrangers à son essence.

Rapports du terme de comparaison avec son objet.

Le Cerveau humain est bien réellement le réflecteur dont nous venons de parler : les compartiments qui y sont délicatement tracés sont désignés sous le nom de *Lobes* (*ainsi que nous l'avons déjà vu*), et les couleurs variées qui en composent les fonds ne sont autres que les tendances, qui sont à l'âme ce que sont les couleurs à la lumière ; car influant d'une façon singulière sur la manière dont l'âme envisage les sensations et les figures, que ce grand peintre que l'on nomme le monde vient imprimer sur leur fond préexistant, on peut donc bien dire, sans métaphore, que chacune des images et des sensations perçues emprunte au cerveau la teinte qui résulte de l'activité de ses tendances principales, phénomène dont découle cette im-

mense variété dans les effets et appréciations de
sensations, d'impressions et d'objets parfaitement
identiques.

Explication des phénomènes particuliers
au cerveau.

La masse du Cerveau de l'enfant en bas-âge,
n'ayant point encore assez de consistance pour conserver une profonde empreinte des sensations ou
de leurs objets, ni assez de vigueur et d'élasticité
pour en opérer le classement, il en résulte, *non,
comme on le suppose niaisement, une faiblesse de
l'intelligence, qui, nous le répétons, est une lumière
immuable,* mais une puissance d'évocation très
faible, et, par suite, un jugement à peu près nul,
puisque la nature et la pureté du jugement dépen-
dent de la puissance analytique de l'évocation,
comme aussi de la distinction tranchée et harmo-
nieuse qui peut exister entre les diverses tendances.
C'est pourquoi on ne peut jusqu'à un certain point,
rendre l'enfant responsable de ses actes, car il
obéit presque entièrement à ses tendances dominantes, ou instincts naturels.

Chez l'adolescent, le Cerveau, ayant acquis sa
consistance et son développement, permet aux ten-

'dances de déployer toute leur activité, et rend aussi plus puissantes les sensations qui le sollicitent.

D'où il suit que l'âme, étant sous le coup de l'influence continue de ces mêmes tendances, est peu apte à juger sainement les choses, et doit alors faire appel à toute sa puissance de volonté, pour opposer une digue au torrent qui menece de l'entraîner.

Arrivé à l'âge mur, la scène change ; car, de même que les couleurs et les dessins du réflecteur pâlissent avec le temps et perdent la vitalité de leurs tons, de même aussi, la somme considérable de ces vibrations nerveuses, appelées sensations, ayant émoussé la masse cérébrale et épuisé sa sève, les tendances sont beaucoup moins vives ; ce qui permet à l'âme d'envisager les choses d'une manière différente et plus juste, rend la puissance analytique de l'évocation plus nette et plus vigoureuse, eu égard à l'affaiblissement des tendances, et, en un mot, donne à la raison une indépendance qu'elle eût toujours dû posséder et dont l'application faite alors à des évènements probables se nomme *Expérience*.

Enfin, quand le temps a confondu ou presque entièrement effacé les dessins du réflecteur, c'est-

à-dire que la longévité, ayant déterminé le ra-
mollissement de la masse cérébrale, rend les
figures qui y sont gravées de moins en moins net-
tes, et finit par les confondre ; alors les termes de
comparaison devenant de plus en plus rares,
malgré l'évocation désespérée de la volonté, la
mémoire s'évanouit d'abord, puis l'évocation, man-
quant d'éléments et d'enchaînement, devient très-
difficile ; et enfin, la pensée, ou analyse des figures (qui font faute), s'annihilant, l'être retombe
dans son état primitif, c'est-à-dire en enfance.

Phénomènes de la plus grande simplicité, qui ne
sont tous que les diverses phases d'accroissement,
d'épanouissement et de décrépitude naturels à un
instrument matériel, destiné à servir de but à l'activité et à la fécondité de cette flamme puissante
appelée âme, et dont les fruits, qui servent à la
manifestation du monde sensible, ne sont que des
jeux divers de l'esprit de vie, dont la combinaison
avec la matière organisée doit atteindre tel but et
produire tel effet ; mais jeux et effets qui sont complètement étrangers à l'âme elle-même (c'est-à-dire
qu'ils ne touchent en quoi que ce soit à sa nature,
à sa puissance et à son essence libre et indépendante.)

Depuis quand, au reste, un effet peut-il altérer la cause qui le produit ? ? ?

Comment une conséquence pourrait-elle influer et réagir sur le principe dont elle naît ? ? ?

N'y a-t-il pas toujours entre eux l'abîme qui sépare l'activité de l'inertie, la lumière des ténèbres et le néant de la vie ?

Et cependant, ce sont ces mêmes phénomènes, si simples qu'un écolier en saisirait le mécanisme, qui, de nos jours, à l'heure actuelle, donnent lieu à ce que l'on peut nommer les Aneries de la science, de la part d'individus occupant une jeunesse riche de cœur et d'intelligence, cette noble et admirable science de la Médecine, qui, de même que le sacerdoce, investit d'un caractère sacré l'homme qui lui consacre toutes ses facultés.

En effet, assistez aux cours de ces Messieurs, et vous les entendrez avancer avec un admirable sang-froid, sinon même avec une certaine satisfaction orgueilleuse de leur fameuse perspicacité, qu'en comprimant telle ou telle partie du Cerveau, ils peuvent, à leur gré, détruire l'intelligence, qui (ajoutent-ils) n'est donc bien évidemment qu'un jeu d'organes, *assertion qui est un monstrueux paradoxe et une inqualifiable ineptie.*

*Détruire l'intelligence qui n'est qu'un jeu d'or-
ganes !!!!.   .   .   .   .*

Ainsi donc, l'intelligence, cette puissance merveilleuse et sans égale qui comble les abîmes,
broie la matière et soumet jusqu'aux plus terribles
éléments dont elle se joue, n'est rien autre que le
résultat de la fermentation d'une poignée de boue
blanchâtre, qu'une simple compression réduit à
néant.

Ainsi encore, la matière, inerte, impuissante et
asservie, engendre une force active et libre qui la
domine et l'écrase.

Ainsi enfin, la matière qui n'est qu'aridité, ténèbres et chaos, donne naissance à une puissance
qui lui est entièrement opposée, puisqu'elle est
fécondité, harmonie et lumière.

Quelle antithèse et quelle contradiction !!!

Tels sont cependant les merveilleux principes
au moyen desquels ces illustres maîtres faussent
les esprits dont ils ont charge et responsabilité ; et
principes que leurs malheureux disciples acceptent
pour la plupart avec l'enthousiasme momentané et
digne de pitié de la jeunesse, souriant à toute
doctrine qui tend à laisser un libre essor à ses

passions tumultueuses, et qui, plus tard, entrant
dans cette arène sanglante que l'on nomme société
avec un cœur vide et glacé, fermé à la foi comme
à l'espérance, se trouvent meurtris au premier
choc, succombent à la première épreuve, au moindre désenchantement, et vont souvent, avec un
blasphème et une malédiction, aboutir à ce groupe
sans fond que l'on nomme le suicide.

Ah ! de telles anomalies prouvent plus que jamais cette vérité, savoir : que les extrêmes se touchent, et qu'un siècle de progrès n'est pas éloigné
du chaos de la décrépitude ; car ce que l'on
nomme progrès ici-bas, n'embrassant que le con-
fort et le bien être matériel, oblige l'homme à
vivre terre à terre et le matérialise insensiblement ;
de façon que toutes les puissances de son âme ne
dépassant plus le cercle restreint qui l'environne
et seul éveille son intérêt, il arrive un jour à pénétrer tous les ressorts grossiers de la matière,
mais à oublier et à méconnaître sa dignité première ; il découvre la vapeur et l'électricité qui
réunissent les mondes ; mais il nie l'existence de
l'âme qui sépare pour jamais la créature de son Dieu.

Enfin, faisons trève à ces tristes réflexions, et
terminons notre œuvre par une démonstration

comparative de la différence essentielle qui existe, comme nature et comme fin, entre l'âme humaine et l'âme amicale ; puis nous y ajouterons une analyse relative à quelques phénomènes importants de la vie morale et organique, dont la confusion fournit de nouveaux aliments au doute et à l'incrédulité.

Ainsi que nous l'avons déjà dit, l'âme humaine peut être assimilée à une flamme alimentée par un fluide intarissable, dont elle offre au reste les principaux phénomènes ; ce qui veut dire que, de même que toute flamme possède deux propriétés distinctes, savoir :

1° Le dégagement de calorique, ou communication de la chaleur qui est la vertu du feu ;

2° Le rayonnement qui est la lumière ; de même aussi l'âme humaine possède deux raisons d'être, qui sont :

1° L'animation de la matière, ou communication de cette vertu renfermée en elle, qui est la vie ;

2° L'intelligence, qui est le rayonnement de sa fécondité intérieure, dont la pensée est l'expression, et au moyen de laquelle elle appartient à un monde distinct et indépendant du cercle matériel. Aussi, quand les liens qui l'unissent au corps se trouvent brisés, sa puissance et son activité n'ayant plus d'objectif matériel, elle entre en possession de la plénitude de la vie active et réelle, qui est la vie intellectuelle, paralysée ici-bas par l'action impérieuse et trompeuse de ce voile que nous appelons Cerveau, aidé des sensations dont il est le siège.

L'âme animale est exactement semblable à l'essence du feu qui pénètre la matière, l'embrase et lui donne bien l'éclat et le brillant particuliers à tout ce qui émane du feu, mais ne saurait lui procurer le rayonnement: *ce qui signifie* que la force harmonique ou Esprit de vie, s'étant emparé d'un corps, l'anime, s'identifie avec lui et par sa puissance lumineuse le guide, mais ne peut l'éclairer.

Aussi, par la même raison que, la matière étant consumée ou refroidie, la cause et l'effet cessent simultanément, de même aussi l'esprit de vie, séparé du corps qu'il anime, n'a plus aucune raison d'être, puisqu'il est privé de l'intelligence ou rayonnement, seule faculté ou vertu qui, en dehors de la vie organique, permette l'activité qui est la vie.

Que l'on se pénètre bien de cette vérité fondamentale, savoir : qu'un principe (1) seul étant fécond

_____

(1) Ou cause première.

par lui-même, seul aussi possède une indépendance réelle, puisqu'il vit de lui-même par sa propre fécondité, et qu'il peut en outre communiquer sa vertu, sans rien perdre de sa puissance et de son activité.

Tandis que toute vertu de principe, n'ayant par elle-même aucune activité et ne possédant que celle renfermée dans le principe dont elle émane, a besoin d'un objectif pour appliquer la vitalité qui lui est donnée, et opérer un phénomène quelconque.

La plante, l'animal et l'homme sont donc un même produit perfectionné et transformé.

Tous trois sont soumis aux mêmes phénomènes principaux de la vie organique, qui sont : *l'Assimilation, la Croissance, la Reproduction et la Mort.*

La plante, étant le premier degré de la vie dans toute sa simplicité, *assimile, croît, reproduit et meurt.*

L'animal, occupant un échelon supérieur, joint à ces phénomènes *le Mouvement, la Sensation et le Sentiment.*

Enfin, l'homme, en sa qualité de chef-d'œuvre de la création matérielle, y ajoute la connaissance du pourquoi de ces choses et leur application à un but : *puissance particulière et divine qui le couronne roi de la création, et qui (je ne saurai trop le répéter) constitue seule la vie réelle ; le reste n'étant que jeux et effets de l'esprit de vie uni à la matière, et qui, en sa qualité de force active, mais inconsciente, constitue un être animé, mais non un être vivant : car on ne peut appeler vivant celui qui n'a point conscience de son être, mais le subit passivement.*

Terminons enfin par une analyse détaillée des phénomènes curieux que l'on désigne sous les noms de Désir et Volonté, Amour brutal et Amour vrai, Folie, Rêve, Cauchemar, et enfin Mémoire ; et nous croirons alors avoir rempli notre tâche, c'est-à-dire ouvert à tout esprit sain, loyal, et tant soit peu intelligent, un nouvel horizon lumineux, et l'avoir revêtu pour jamais d'une armure à l'épreuve des traits venimeux, mais sans vigueur, du scepticisme et de l'incrédulité.

DÉSIR ET VOLONTÉ.

Le Désir est une attraction plus ou moins vive, ayant pour but la satisfaction d'un appétit de l'individu, qu'il entraîne alors impérieusement vers un but déterminé.

Toute attraction est inconsciente, parce qu'elle est le résultat d'un besoin, d'une sensation, et dans tous les cas l'obéissance aux lois secrètes des affinités que nul ne peut pénétrer. (1)

Elle a le Cerveau pour siège et point de départ. La volonté est bien ce même désir, cette même attraction ; mais qui, réfléchis, éclairés et analysés, permettent à l'être d'apprécier le but qu'ils doivent atteindre, et, par suite, laissent l'âme libre d'appliquer toute sa puissance à les combattre ou à les satisfaire.

Cette puissance se nomme Volonté, naît de l'intelligence et a donc pour siège le centre d'activité et d'opération de l'âme, dont elle est le couronnement et la force (c'est-à-dire ce foyer que l'on nomme le cœur).

L'AMOUR BRUTAL ET L'AMOUR VRAI.

L'amour sensuel est une attraction puissante, ayant pour base la loi de reproduction et pour but la satisfaction d'un appétit brutal auquel l'animal

---

(1) Il est bien entendu qu'il ne s'agit ici que des désirs de la chair animée, et non des affinités qui peuvent avoir lieu entre les esprits, et dont le siège est alors au cœur.

obéit simplement (*et en général à des époques déterminées*).

Chez l'homme, cet appétit, augmenté de toute
la puissance de l'imagination, a pour cadre des
images voluptueuses, érotiques et obscènes, qui
déterminent une vibration plus ou moins prononcée de la masse cérébrale, ébranlent ainsi tout
l'être, annihilent, pour un instant, l'action de la
raison et de l'intelligence (ou Volonté), et donnent
alors naissance à cette passion furieuse, effrénée
et, chez certaines natures, poussée jusqu'à la fré-
nésie, que l'on nomme la *Luxure*.

Et tous ces phénomènes grossiers, ces sensations animales, apanage exclusif du Cerveau,
salissent, souillent, déshonorent ce mot sublime et
divin *Amour*.

L'amour proprement dit est une affinité impérieuse et indivisible qui attire deux âmes ; il a
pour base fondamentale l'estime et le respect de
l'être aimé qu'il idéalise, et si, plus tard il parvient
aux mêmes fins, c'est-à-dire à l'union des corps,
il a un point de départ qui purifie et sanctifie ce
dernier phénomène qui en est le couronnement et
la conséquence naturelle de la dualité des natures
chez l'homme, puisqu'il est chair et esprit, et que

toutes les facultés intellectuelles de l'âme se trouvent réflétées par cette même chair, ou simulées et reproduites par le jeu des rouages et des ressorts de son mécanisme grossier.

L'amour venant du Cerveau est une Folie qui entraîne souvent à la dégradation, et quelquefois au suicide.

L'amour du Cœur est un feu divin qui ennoblit et vivifie toujours.

RÊVE ET CAUCHEMAR.

Le Rêve est un phénomène commun à l'homme et à l'animal ; il consiste dans une succession, fréquemment interrompue, d'images ayant causé une vive impression au Cerveau, et qui, se trouvant mises en relief par l'afflux du sang ou de certaines vapeurs, donnent lieu à des cris, des soubresauts, ou toute autre manifestation extérieure chez l'animal, et à des paroles incohérentes chez l'homme, *l'âme étant alors, par la distension momentanée du cerveau, privée de sa puissance analytique d'évocation.*

Le Cauchemar appartient à l'homme seul et diffère du rêve en ce qu'il est le résultat d'un afflux

trop abondant de vapeurs qui, provenant d'un malaise intérieur, d'une entrave apportée à la circulation, ou encore d'une indisposition secrète, détermine de la part de l'âme une évocation inconsciente de figures analogues au malaise subi par
l'individu, et évocation qui alors, ne pouvant être
enchaînée, analysée, en un mot, éclairée par l'action de la volonté lumineuse, ou intelligence,
donne lieu à un assemblage monstrueux d'objets
grossis par la surexcitation de l'organe cérébral,
et qui (de même que dans le délire causé par une
fièvre quelconque), perdant leur valeur réelle,
faute d'appréciation, aboutissent à une crise douloureuse et à des manifestations extérieures non
équivoques. Mais, dans l'un et l'autre cas, ces
phénomènes sont encore l'apanage exclusif du
Cerveau.

DE LA FOLIE.

Parmi tous les phénomènes organiques qui ont
le don particulier d'étonner l'ignorance et de raviver d'une façon singulière sa stupide incrédulité,
celui-ci a toujours occupé le premier rang, bien
que, comme nous allons le démontrer, il soit d'une
simplicité extrême.

En effet, la Folie n'est rien autre qu'un trouble apporté dans l'harmonie de l'organe cérébral soit par une lésion quelconque, soit par une surexcitation provenant de l'abus des alcools, d'un travail mental exagéré, ou enfin de passions ardentes avivées par l'imagination, telles que la luxure, l'avarice, la soif de l'or, des honneurs, etc., passions qui, ébranlant d'une manière particulière le système nerveux, finissent par fausser les cordes de l'instrument, ou déterminer la monomanie (ou idée fixe), qui n'est que la conséquence naturelle d'un désir ardent de l'âme, qui finit par absorber toute sa puissance intellectuelle et imaginative, de façon à annihiler l'évocation d'images ou de figures autres que celles qui caressent son sentiment secret.

Ce phénomène reconnaît encore d'autres mobiles dont le détail (inutile au reste) nous entraînerait trop loin ; il nous suffit de savoir que, quels qu'ils soient, ils ne touchent en rien à l'intelligence et n'ont aucun rapport avec elle, mais bien seulement à la puissance d'évocation qui sert de base à l'expression de cette analyse que l'on nomme pensée.

En un mot, la folie est au Cerveau ce que serait

au réflecteur qui nous a déjà servi de terme de
comparaison, un coup de pinceau maladroit ou
accidentel qui confondrait ou effacerait tout ou
partie des couleurs et des images dont il est revêtu ; ce qui aurait pour résultat de rendre nuls
les jeux et la vitalité de la lumière, mais, comme
on le voit aussi, ne pourrait avoir aucune influence
sur elle.

Or, l'âme n'ayant, comme nous l'avons dit à
satiété, d'autres moyens d'expression de ses sentiments que les termes, images et figures imprimés
au Cerveau, il est, certes, bien facile à comprendre que si la confusion règne parmi eux, l'enchaînement par la volonté ne pouvant plus avoir lieu,
les expressions seront incohérentes, ou feront
faute ; et autre phénomène bien simple encore à
remarquer et à expliquer, c'est que si le trouble
n'est que partiel, le raisonnement sera très juste
quand il s'agira de traiter des questions dont les
termes auront leur siège et leur empreinte dans
la partie intacte , tandis que le contraire aura
nécessairement lieu quand on abordera des sujets
dont les figures appartiendront à la partie lésée.

Phénomènes donc qui tous sont le simple résultat du trouble existant dans l'organe destiné à

servir de mode d'appréciation et de communication,
mais dont se rit cette reine immortelle que l'on
nomme intelligence.

DE LA MÉMOIRE.

Nous voici enfin arrivés à ce phénomène qui
chaque jour donne lieu à tant de suppositions
ridicules de la part d'individus de toutes classes et
de toutes sphères touchant l'intelligence de l'animal.

Exemple. Il y a peu de temps encore, je surpre-
nais le dialogue suivant, entre deux hommes
d'âge mûr, et réputés pour leur sagesse et leur
science :

— Vous connaissiez X...?

— Parfaitement ! Pourquoi ?

— Il vient d'être la victime de la méchanceté
et de la rancune de son magnifique cheval anglais
Fleurwey.

— Bah ! comment cela ?

— Vous n'ignorez point que X... avait un caractère très-irascible, et que la moindre contra-
riété le rendait furieux.

Or, il y a six semaines environ, ayant fait seller l'animal en question, il entreprit une course dans la montagne. Arrivé près d'un fossé de médiocre largeur, il voulut le lui faire franchir; l'animal refusa; une lutte s'engagea entre eux, et finalement, ne pouvant obtenir ce qu'il désirait, X..., ivre de colère, le corrigea, paraît-il, d'une manière brutale, et piquant des deux, revint au logis, où un palefrenier s'empara du cheval et tout fut dit.

Cette scène n'avait laissé aucune trace dans l'esprit de X... qui, comme tous les gens très-vifs, oublient facilement. Or donc, entrant hier dans la boxe de l'animal, il s'apprêtait à lui faire quelques caresses, quand tout à coup, cette bête devient furieuse, se jette sur lui avec rage, le mord, le piétine, tant et si bien, qu'avant qu'il eût été possible de lui porter le moindre secours, il avait le crâne broyé.

En présence d'un tel fait, que pensez-vous de l'audace de ceux qui viennent nous dire avec un grand sang-froid que l'animal ne possède ni mémoire ni intelligence.

Six semaines s'étaient écoulées depuis la correction que lui avait infligée son maître. Il s'est vengé, donc il s'est souvenu, et s'il a de la mémoire, il possède donc aussi une certaine intelligence. . . . .

On ne peut nier certainement qu'un siècle qui produit des logiciens de cette force soit un siècle de lumière et de progrès.

Hélas !!! trois fois hélas !!! A quoi donc servent la maturité de l'esprit, la science et l'expérience, si, sous la perruque blanchie du savant et du pédagogue, on retrouve toujours cette superficialité de l'écolier jouant aux billes.

Non !!! l'animal ne possède ni mémoire, ni intelligence, et voici dans toute sa simplicité le phénomène qui s'accomplit en pareille circonstance.

Nous avons vu que toute sensation se grave plus ou moins profondément au Cerveau, selon sa nature, et est accompagnée de l'empreinte de son objet. Puis encore, que le sentiment déterminé par la sensation, est relatif aux tendances dominantes de l'individu. Ce qui signifie que, s'il est d'un naturel doux et inoffensif, les sensations douloureuses détermineront la crainte et la fuite.

Que si, au contraire, il est enclin à la méchanceté et à l'irascibilité, il se sentira porté à se venger par les moyens dont la nature lui a laissé la libre disposition.

En conséquence, chaque fois que la cause ou l'objet de la sensation sera perçu par un des sens de l'animal : vue, ouïe ou odorat, le même senti- ment de haine et de colère reprendra sa puissance et donnera lieu aux mêmes phénomènes détermi- nés par la première impression antérieure, et, dans ces actes, il n'y a ombre de mémoire ni d'opé- ration intellectuelle, mais bien seulement réité- ration de sensation et des phénomènes qui en dé- coulent.

Au reste, ainsi que nous l'avons déjà démontré, il en est de même pour l'homme ; car, si le hasard le met inopinément en face d'un individu qui lui a fait du mal, il sent naître en lui, *selon sa nature*, un sentiment de crainte ou de colère qui le porte à accomplir les actes qui lui sont propres ; la seule différence qui existe entre lui et l'animal, c'est qu'il sait pourquoi il les éprouve, et est maître de les modifier. Mais il n'en est pas moins vrai que le premier mobile de la conduite qu'il doit tenir est la réitération d'une sensation antérieure (et le sen- timent qui en résulte instantanément) *et non l'opé- ration intellectuelle.*

CAHIER RELIÉ EN DOUBLE

CONCLUSION.

La perception des sensations est donc simplement un phénomène organique (*ou mécanique*) ; de même que les sentiments qui en naissent, ainsi que les actes qui découlent de ces mêmes sentiments, sont des opérations purement instinctives, c'est-à-dire *inconscientes*.

L'œuvre intellectuelle comprend :

1º La faculté que possède l'âme de se replier sur elle-même pour analyser ses conceptions, ou enfantements, et ses sentiments ;

2º La puissance de distinction des choses, de leurs propriétés, et de leurs qualifications ;

3º Enfin encore, l'appréciation de leur valeur réelle ou fictive, c'est-à-dire conventionnelle.

Exemple. — La lecture est une opération essentiellement intellectuelle, parce que la seule sensation qui puisse affecter le Cerveau par l'intermédiaire de l'organe visuel, est celle de caractères noirs se détachant sur un fond blanc, et caractè-

6

res qui, n'ayant de valeur que pour l'esprit d'intelligence, découlent donc bien irrécusablement
d'un monde distinct, et indépendant du monde
matériel ou sensible, qui est le monde de *la pensée,
dont la source existe dans l'âme elle-même, et dont
la direction seule peut être influencée par l'action
des sensations et de leurs objets, qui composent le
mode du Cerveau.*

Avant de clore ce chapitre, nous devons aussi
répondre, en quelques mots, à une proposition
formulée dans toutes les classes de la société, et
qui, plus que toutes les autres, *eu égard à la
croyance qui s'y rattache,* prouve l'extrême étroi-
tesse des esprits en l'an de grâce 1876.

Ainsi, parle-t-on d'un animal quelconque, dont
l'instinct naturel, stimulé par une éducation spéciale, a pour fruits quelques actes banals mille fois
répétés, et dont toute la valeur réside dans l'imagination, mais que l'on veut bien admirer et mettre
en relief à la façon des œufs de la Fable, on ne
manque pas de s'écrier : *En vérité, à cet animal,
il ne manque que la parole* !!

Et l'accent de cette exclamation équivaut à dire
ouvertement que la parole semble si peu de chose,

qu'elle ne saurait établir une ligne de démarcation
réelle entre l'homme et l'animal.

Quelle pitié !!!

Oui, à certains animaux, il ne manque que la
parole, et elle leur fera toujours faute ; car c'est
elle qui creuse entre vous (hommes à cerveaux
étroits) et l'animal (quelque instinct qu'il possède)
un abîme infranchissable comme nature et comme
fin.

Pour vous, la parole n'est qu'un peu d'air agité,
un son vague, confus et indifférent, que la brise
emporte ; en un mot, un bruit facultatif à l'organisation humaine.

Pour nous, qui, par un labeur incessant, avons
réussi à pénétrer quelque peu les mystères de cette
science sublime que l'on nomme la science de
l'Être, la seule qui dût intéresser l'homme ici-bas,
parce que seule elle est digne de lui, et seule lui
servira dans l'éternité ; pour nous, dis-je, *la parole
ne gît point dans une émission de voix.*

*La parole est la manifestation de la pensée, la
communication entre intelligences, la fécondité merveilleuse de l'âme, et l'enfantement de sa puissance
active ; en un mot, la parole est la source de l'im-
mortalité.*

*Un muet la possède aussi bien que le plus loquace;
car elle est renfermée dans le moindre geste, le signe
le plus léger, le regard le plus furtif, et enfin dans
une simple contradiction du visage, phénomènes qui
tous peuvent foudroyer une créature aussi bien que
le verbe le plus tonnant. Le Cerveau recueille les
sons, et l'esprit les apprécie; mais l'esprit d'intelligence n'a point besoin de sons pour comprendre, car
tout est aliment pour sa puissance et sa fécondité.*

*Voilà les secrètes merveilles que renferme en réa-
lité ce simple mot* Parole, *qui, je le répète, semble
être l'objet du dédain des sots.*

RÉSUMÉ.

Toute force et toute puissance appartiennent à
l'esprit d'intelligence.

Il n'existe point de force matérielle, il n'y a
que des attractions et des applications de forces
qui résultent des combinaisons de l'esprit.

Aussi, de même que toute force lui appartient,
tout ce qui constitue la vie ici-bas est son apanage
exclusif, tels : *richesses, honneurs, dignités, gloire,
beauté, science, amour, haine, vertu, vice, et enfin
jouissance et harmonie de toute nature.*

Toute sensation n'a de valeur que par lui.

Ainsi, le voyageur trempé, affamé et brisé de fatigue, qui entrevoit le lieu de son repos, n'a encore subi aucune sensation agréable, et, cependant déjà son esprit éprouve une jouissance réelle, en songeant au bien-être qu'il va procurer à son corps, lors de son arrivée ; et, si, près d'un feu pétillant, d'une table bien servie, il ressent une volupté inexprimable, c'est que l'âme, évoquant un terme de comparaison opposé, lui permet d'apprécier la différence qui existe entre son état présent et sa situation antérieure.

Car, pour son corps, il n'y a que variété de sensations, provenant de la différence qui existe entre le chaud et le froid, le sec et l'humide, un estomac vide et un estomac repu, et sensations qui, privées de l'appréciation, sont absolument nulles.

Tout, dis-je encore, vient de l'esprit d'intelligence et lui appartient.

Un architecte crée un chef-d'œuvre ; un peintre produit un tableau merveilleux, et la foule s'extasie avec raison devant ces œuvres admirables.

Mais à qui en revient l'honneur ?

N'est-ce point l'esprit qui les a enfantées ?

N'est-ce point dans l'esprit qu'elles existent encore réellement? et n'eussent-elles jamais vu le jour, c'est-à-dire, n'eussent-elles point été revêtues d'une forme sensible, qu'elles n'en existeraient pas moins dans l'esprit.

Et cette vérité est telle que, quelle que soit la perfection de leur exécution matérielle, il y aura toujours entre elles et leurs modèles qui sont renfermés dans l'esprit, la différence qui existe entre l'original et le portrait, *entre ce qui est inerte et ce qui a vie et activité.*

Descartes a dit : *Cogito, ergo sum !!*

M. Bonald a dit : *L'homme est une intelligence servie par des organes,* et ces deux propositions sont résumées dans cette vérité :

Être, ce n'est pas voir, sentir, se mouvoir et agir;

Être, c'est penser et comprendre.

La forme n'est qu'un accident de l'être, et sans l'esprit, il n'y a que chaos et néant.

A l'esprit donc soient à jamais Gloire, Honneur, Force, Puissance, Adoration et Amour dans les siècles des siècles.

APPENDICE

QUESTIONS COMPLÉMENTAIRES ET INDISPENSABLES.

I

L'Alpha et l'Oméga.

Au commencement le chaos était roi de l'immensité. Les ténèbres hideuses enveloppaient les abîmes, et l'horreur du néant ne laissait aucun vide.

Cependant un être mystérieux, incompréhensible et sans nom, vivant de lui-même, par lui-même, et ne se connaissant ni commencement ni fin, remplissait de son essence invisible les gouffres sans fond de l'infini.

Tout à coup, une lumière fulgurante refoula violemment les ténèbres, et, dans l'espace incommensurable créé par leur déchirement, apparut un nombre prodigieux de sphères étincelantes, nageant dans un fluide transparent et lumineux.

Le monde matériel venait d'éclore : la pensée de
l'Être mystérieux venait enfin de se manifester.

Sur la plus petite et la plus humble de ces sphères, qui, n'étant point comme ses sœurs ceinte d'un
nimbe flamboyant, cachait sa nudité sous un riche
manteau d'émeraude, deux êtres nobles, beaux et
majestueux, portant autour d'eux des regards éton-
nés et ravis, cherchaient en vain à pénétrer le
mystère de leur origine et de leur nature, quand
une voix suave fit entendre ces paroles :

« *Je suis le principe de l'harmonie suprême, c'est*
par moi que tout se meut, vit et respire. Je vous ai
créés à mon image. Aimez-moi donc par-dessus
toutes choses, comme étant la source de votre être,
et vous vivrez. Si vous oubliez ce devoir juste, saint
et sacré, vous mourrez. »

Transportés de joie, d'amour et de reconnaissance, nos deux premiers parents tombèrent pros-
ternés, et glorifièrent avec ivresse l'être adorable
qui venait de se manifester à eux.

Mais, hélas ! la fragilité de leur pauvre nature
détruisit bientôt l'œuvre divine....................

L'égoïsme (ce roi de notre monde actuel) se fit
jour sous le voile de l'orgueil, qui avait déjà peu-

plé les abîmes d'êtres déchus, et en un instant un monde créé avec tant d'amour fut voué à la malé-diction et la mort.

Cependant cette malédiction ne fut point entière-ment consommée ; car la justice et l'amour en paralysèrent les effets.

Pour un instant d'oubli, l'ange, cette créature admirable, cette essence pure, avait été foudroyé à jamais, en raison de sa pureté même et de sa perfection.

Mais l'homme, ce composé de boue et de lumière, étant faible à cause de sa complexité, l'indulgence lui fut acquise, et cet amour, qui l'avait créé, fut le messager de son pardon.

La mort étant la conséquence forcée du péché, devait avoir son effet ; mais la promesse d'un Rédempteur en adoucit l'amertume.

La mort, disons-nous, était la conséquence natu-relle, rigoureuse et obligée du péché, non parce qu'il plaisait à Dieu d'infliger (ainsi que pourrait le faire un maître) cette peine plutôt qu'une autre, mais bien parce qu'elle découlait du péché même.

En effet, Dieu, en sa qualité d'intelligence infi-nie, étant le principe suprême de l'harmonie.

L'âme, créée à son image, est également un principe d'harmonie.

Or donc, l'âme, vivant de Dieu, possède en soi une source immortelle d'existence ; mais pour que le corps auquel elle est unie pût jouir du même privilège, il fallait également qu'il vécût de l'esprit, c'est-à-dire qu'il restât soumis aux lois de l'harmonie dont l'esprit est la base et Dieu la source.

Du jour où il se révolta contre les lois de l'Esprit, l'harmonie fut détruite, et un germe de destruction se glissa en lui ; germe qui, étant naturellement transmissible à tous les êtres provenant d'une même source, rendit une multitude innombrable d'individus solidaires de la faute d'un seul.

C'est alors que les lois de l'harmonie apparurent dans toute leur splendeur, et que l'équilibre détruit fut rétabli d'une manière admirable.

Un seul homme et une seule femme venaient de perdre l'humanité entière . . . .

Un seul homme et une seule femme furent appelés à la sauver. . . . .

Mais quel devait être ce Rédempteur mystérieux ? De quelle race devait-il sortir ? A quelle essence pouvait-il appartenir, puisque l'homme faible, borné, imparfait par lui-même, et désormais vicié, ne pouvait, à quelque titre que ce fût, satisfaire à la justice divine, réparer l'injure faite à la majesté suprême et rétablir l'équilibre que sa faute avait rompu !

La réponse à ces questions de la plus haute importance nous amène naturellement à traiter en quelques mots des mystères de la Trinité sainte et de l'Incarnation.

II

La Trinité et l'Incarnation.

Je crois bien à un être suprême, à une cause première de notre existence et de tout ce qui nous entoure ; mais je ne vois nullement la nécessité que l'on nous impose, avec une persévérance à toute épreuve, d'admettre une trinité dans cette cause, quel que soit le nom qu'on lui donne.

Telle est la réponse quotidienne faite à la proposition de ce mystère adorable, par des hommes instruits et loyaux.

En vérité, Messieurs, le beau mérite de croire à une vérité que l'on ne peut nier, et dont les effets multiples se font sentir à chaque heure et à chaque instant.

Sachez-le, il n'y a point d'athée véritable, il y a des gens qui affectent de l'être afin de se donner un genre, anomalie facile à comprendre : l'orgueil humain ayant épuisé tous les moyens susceptibles de se satisfaire, il lui a fallu se rabattre sur les monstruosités qui, dans notre ère, sont un moyen assuré de relief.

Cependant, si, par hasard, il y avait un seul athée de conviction, j'aurais le droit de me servir à son endroit de l'un des deux qualificatifs suivants : *ignorant* ou *inintelligent*, cet athée fut-il réputé pour le premier homme de son siècle ; car, sachez-le encore, on peut être tout à la fois savant et igno-rant, toute ignorance étant relative, et nul n'ayant la prétention ridicule d'embrasser l'universalité des connaissances, de même que l'on peut avoir beaucoup d'esprit et fort peu de jugement, de rai-son et d'intelligence.

La science est le fruit de l'étude, et comprend un classement plus ou moins étendu d'idées et de principes applicables à des buts différents.

Le Génie est un feu sacré qui s'aide de la science, mais n'en dépend pas.

Tout Cerveau bien constitué peut donc, aidé de la volonté, acquérir la science, mais non le génie (c'est-à-dire la lumière).

On peut, dis-je, avoir beaucoup d'esprit et peu de lumière ; parce que l'esprit *(comme nous l'avons démontré)* n'est qu'un jeu du Cerveau, une évoca-

tion plus ou moins vive et rapide qui donne un
éclat superficiel à l'individu, et éblouit les simples,
mais qui ne signifie absolument rien quand il n'a
pas pour fond l'esprit du cœur, autrement dit un
jugement sain et une intelligence au moins égale.

Sans ces qualités, il ressemble entièrement à ces
luminaires à 5 centimes que l'on recouvre d'un
réflecteur en fer blanc, afin de centupler par le
reflet le peu de puissance de leur rayonnement.

De loin, vous êtes ébloui, de près vous demeu-
rerez stupéfié de la pauvreté et de la faiblesse du
principe lumineux.

Or, donc, Messieurs, quand on traite devant
vous des questions que vous ignorez complètement
ou n'avez qu'effleurées, faites taire un instant vos
susceptibilités vaniteuses, et dites franchement,
loyalement : *j'ignore, et conséquemment m'abstiens,*
et non: *Je ne crois pas, ou je ne vois pas la nécessité de...* etc., avant d'avoir même abordé de face
la question en litige.

Car, en semblable occurrence, tout individu a le
droit aussi de nier telle ou telle science abstraite,
qui fait à juste titre la gloire de l'esprit humain ;
et cela uniquement parce qu'il n'a pas la moindre

notion des principes de cette science, ou encore que son intelligence ne peut s'élever jusqu'à elle.

Toute science exige une étude spéciale ; et celle-là plus que toutes les autres, qui se propose de pénétrer les mystères les plus profonds de la nature.

Ceci posé, j'aborde le sujet et je dis :

S'il n'existait point de trinité en Dieu, ni vous ni moi n'existerions, car il n'y eût point eu de création possible ; et en voici le motif bien facile à apprécier, sur lequel j'appelle toute votre attention.

Toute cause première est active et féconde, et son activité et sa fécondité proviennent uniquement de la triplicité de ses vertus ou propriétés.

Sans cette triplicité, elle serait négative, c'est-à-dire, comme si elle n'existait pas.

Exemple. Le feu est un principe ayant pour vertus ou propriétés *la chaleur et la lumière*, phénomènes parfaitement distincts et possédant une valeur différente ; car la chaleur n'est pas la lumière, et la lumière n'est pas la chaleur.

D'où il suit qu'il y a donc bien dans ce principe une trinité essentielle, savoir :

Le feu ou principe producteur ;

La chaleur, expression de son essence, et la lumière qui en est le corollaire naturel.

En conséquence, je suppose qu'il ne faut pas une grande dose d'intelligence pour comprendre que, si le feu ne produisait ni chaleur, ni lumière, il serait principe négatif, c'est-à-dire sans raison d'être, et comme s'il n'existait pas.

Eh bien, il en est de même pour Dieu, qui est le principe de toutes choses, et la lumière incréée.

Il y a en Dieu le principe qui est, ou Esprit vivant ;

Le principe qui crée, ou Esprit de vie ;

Le principe qui éclaire, ou Esprit d'intelligence.

Or, si Dieu n'engendrait de soi *son Verbe, ou expression de sa substance (dont notre pensée est l'image),* et qui est l'Esprit de vie, non plus que l'esprit de lumière ou d'intelligence qui procède des deux, il serait principe négatif et comme s'il n'était pas ; puisque, possédant la vie en lui-même et par lui-même, il ne pourrait la communiquer à d'autres êtres (son essence étant naturellement incommunicable.)

Mais, dès lors qu'il engendre de soi, deux vertus essentielles, douées chacune de propriétés parti-

culières, et pouvant se détacher et s'éloigner de
leur foyer sans le quitter, elles sont donc bien
réellement hypostatiques ; ce qui signifie qu'elles
constituent bien réellement deux personnalités distinctes, qui, unies au principe dont elles émanent,
composent ainsi irrécusablement une trinité sans
laquelle, je le répète, il n'y eût point eu de création possible.

*Or, la seconde Personne appelée Verbe (ou Esprit
de vie communicable), parce qu'elle est l'expression*
de la substance et de l'amour de la première, ayant
donc été l'auteur de la création de l'homme, était
aussi destinée à sa rédemption, afin que, la miséri-
corde apaisant la justice, *ce qui avait été créé par
l'amour, fût sauvé par l'amour.*.

Et pour consommer cette œuvre mystérieuse et
adorable, il fallait que le Verbe (ou Amour divin)
revêtit une chair semblable à la nôtre ; parce que
cette chair, ayant été souillée et viciée solidaire-
ment, devait être purifiée à jamais et revivifiée
par les souffrances que l'essence divine (sans cependant les sentir) devait y diviniser sous son
voile ; et ensuite parce que Dieu ne pouvant être
vu, ni compris d'un être créé, ne pouvait non plus
indiquer aux hommes la voie à suivre pour parve

nir à la vie éternelle que par le moyen d'un intermédiaire sacré, comme eux revêtu d'une forme,
mais différant d'eux-mêmes par la nature essentielle du principe y renfermé.

C'est alors que, dans ce but, Dieu prépara une
terre nouvelle et sans tache, c'est-à-dire une Vierge
sainte et pure de toute souillure, destinée à enfan-
ter le nouvel homme à la naissance duquel était
attaché le salut du genre humain tout entier.

Et à l'heure fixée par la parole divine, la douce
et sainte descendante des rois patriarches, celle
dont les seuls traits grossièrement retracés ont
inspiré ces vers délicieux :

> L'original de cette image
> Est un chef-d'œuvre si parfait
> Que le Tout-Puissant qui l'a fait
> S'est renfermé dans son ouvrage.

conçut dans son sein béni, l'Enfant divin promis à
l'homme depuis sa chute, et qui, victime sacrée,
s'offrant elle-même en holocauste à son père, devait apaiser ainsi le courroux céleste et nous ouvrir
les portes de l'Eternité bienheureuse.

Il est inutile de raconter ici sa vie sainte et admirable, sa bonté digne du Verbe de Dieu, et sa
mort qui manifesta sa puissance.

Nous nous contenterons de dire : *Malheur !!! Trois fois malheur !!!* à celui qui ne croit point en son nom ; car il est maudit pour l'éternité...

Le Verbe seul a tout créé, par lui seul nous pouvons être sauvés...

Ainsi qu'il l'a dit lui-même, il est la voie, la vérité et la vie ; celui qui le renie ici-bas est donc condamné d'avance, car c'est du Verbe divin que le Psalmiste a dit :

Exortum est in tenebris lumen rectis.

III

De l'éternité.

Dieu étant le principe de l'harmonie suprême, tous les phénomènes qui constituent ici-bas la vie morale et physique ont l'harmonie pour base et n'existent que relativement, c'est-à-dire pour l'intelligence qui en est la source et seule peut donc distinguer entre eux.

Ainsi, qu'est-ce que le bonheur pour l'âme, sinon l'harmonie de tout ce qui la touche et l'entoure ?

Qu'est-ce que le malheur ou la souffrance, sinon le trouble de cette même harmonie ?

Qu'appelle-t-on santé ?

L'harmonie du jeu des organes.

Qu'est-ce que la maladie ?

Trouble partiel dans cette même harmonie.

Qu'appelle-t-on mort ?

Un trouble complet dans cette même harmonie, car les seuls liens qui unissent l'âme au corps sont naturellement ceux de l'harmonie ; c'est pour-

quoi au moment où le germe de destruction caché
dans tout être humain, va accomplir son œuvre,
il y a une lutte plus ou moins vive et apparente,
entre le principe vivifiant et le principe morbifique ;
lutte dans laquelle l'âme est toujours vaincue, parce
que Dieu seul peut rendre à la chair la vertu
qu'elle a perdue, c'est-à-dire l'esprit de vie que le
Verbe divin répandra sur elle au dernier jour.
Cette lutte se nomme Agonie.

D'où il suit qu'en réalité il n'y a pas plus de mort
qu'il n'y a de ténèbres ; mais que l'esprit, qui est
vie et lumière, désigne sous le nom de ténèbres
l'absence de cette même lumière ; de même que
étant habitué à voir un corps se mouvoir et agir,
il appelle mort l'absence du principe qui lui don-
nait mouvement et action, autrement dit, une
vitalité d'emprunt.

*Ce qui a vie ne peut plus s'anéantir, car ce
qui a vie existe par intelligence ; et l'intelligence
possède un aliment et une source éternelle qui est Dieu.*

*Dieu seul eût donc pu détruire l'âme humaine ;
que dis-je, Dieu même, malgré sa puissance, ne le
peut pas ; car une cause créatrice ne peut être des-
tructive ; et ce qu'il a créé ayant été produit par une*

sagesse infinie, possède donc pour base inébranlable l'immutabilité divine.

Par cette loi qui veut que le plus parfait absorbe l'imparfait et se l'approprie, l'homme devait se transformer, c'est-à-dire se spiritualiser par l'action puissante et vivifiante du principe qui l'anime sans franchir ce portique douloureux que l'on nomme la mort.

Mais l'harmonie qui existait entre lui et son principe constitutif, ayant été détruite, a mis ainsi Dieu dans l'obligation de renouveler la face des choses, afin de les établir à jamais sur une base d'autant plus inébranlable, que la transformation qui sera subie par les êtres sera en rapport avec leurs vertus ou travaux respectifs.

Et cette rénovation ayant eu lieu, Dieu rentrera pour jamais dans le repos de l'Eternité, ce qui signifie que tel on sera, tel on demeurera, et qu'envers et contre tous, comme en dépit des lazzis et autres plaisanteries de mauvais goût, (surtout en pareille matière), il y aura, dis-je, une récompense et une punition éternelles (quels que soient leurs qualificatifs particuliers).

L'Être qui aura vécu par l'esprit jouira des privilèges attachés à l'esprit, qui est lumière, pureté, et incorruptibilité, et possèdera ainsi la plénitude de la vie et du bonheur immuable. Celui qui aura semé dans la chair, récoltera de la chair la corruption et la souffrance sans fin ; et j'ajouterai que le feu ayant joué le rôle le plus actif dans la constitution de nos êtres, comme de notre univers, pourrait bien ne pas être (ainsi que le dit l'Evangile), complètement étranger aux tortures affreuses qui seront la part des maudits.

Aujourd'hui nous sommes tous en un, puisque Dieu est le principe et la fin de toutes choses, et les renferme toutes.

Dans l'éternité bienheureuse, Dieu sera un dans tous.

Songez-y donc !

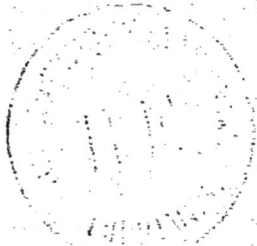

TABLE DES MATIÈRES.

APPENDICE

ou

QUESTIONS COMPLÉMENTAIRES ET INDISPENSABLES

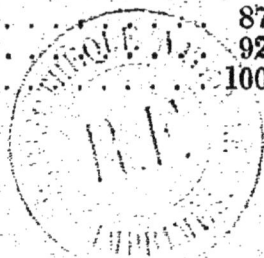

www.ingramcontent.com/pod-product-compliance
Lightning Source LLC
Chambersburg PA
CBHW060207100426
42744CB00007B/1202